U0598271

财经法规与会计职业道德
应试指南

CAIJING FAGUI YU KUAIJI ZHIYE DAODE

YINGSHI ZHINAN

全国会计从业资格证考试辅导丛书编写组　编著

西南财经大学出版社

图书在版编目(CIP)数据

财经法规与会计职业道德应试指南/全国会计从业资格证考试
辅导丛书编写组编著. —成都:西南财经大学出版社,2015.3
(2015年全国会计从业资格证考试辅导丛书)
ISBN 978 - 7 - 5504 - 1839 - 4

Ⅰ.①财… Ⅱ.①全… Ⅲ.①财政法—中国—会计—资格考
试—自学参考资料②经济法—中国—会计—资格考试—自学
参考资料③会计人员—职业道德—会计—资格考试—自学参
考资料 Ⅳ.①D922.2②F233

中国版本图书馆 CIP 数据核字(2015)第 053811 号

财经法规与会计职业道德应试指南
全国会计从业资格证考试辅导丛书编写组 编著

责任编辑:向小英
封面设计:墨创文化
责任印制:封俊川

出版发行	西南财经大学出版社(四川省成都市光华村街55号)
网 址	http://www.bookcj.com
电子邮件	bookcj@ foxmail.com
邮政编码	610074
电 话	028 - 87353785 87352368
照 排	四川胜翔数码印务设计有限公司
印 刷	四川新财印务有限公司
成品尺寸	148mm × 210mm
印 张	10.125
字 数	260 千字
版 次	2015 年 4 月第 1 版
印 次	2015 年 4 月第 1 次印刷
印 数	1— 3000 册
书 号	ISBN 978 - 7 - 5504 - 1839 - 4
定 价	25.00 元

前　言

对于每一个有志于从事会计工作的人来说，参加会计从业资格考试且成绩合格是取得会计从业资格证书、从事会计工作的必备条件。会计从业资格考试制度是我国会计职业准入制度的重要组成部分，对把关会计人员从业市场准入、促进会计行业规范发展具有十分重要的意义。

《中华人民共和国会计法》规定，"从事会计工作的人员，必须取得会计从业资格证书"。《会计从业资格管理办法》（财政部令73号）规定，"国家实行会计从业资格考试制度""会计从业资格考试大纲、考试合格标准由财政部统一制定和公布""会计从业资格考试科目实行无纸化考试，无纸化考试题库由财政部统一组织建设"。为了进一步完善会计从业资格考试大纲，促进会计从业资格考试的知识结构科学合理，充分发挥会计从业资格考试在会计市场准入中的作用。根据上述有关规定，财政部在2009年修订的会计从业资格考试大纲的基础上进行了再次修订，并于2014年4月颁发，自2014年10月1日起施行。新修订的考试大纲既是目前全国会计从业资格无纸化考试的统一标准、命题的唯一依据和考生进行考试复习的范围，亦是本系列教材的编写依据。

财政部2014年新修订的考试大纲在考试内容上已作了比较具体的规定，许多内容甚至已对考点进行了非常明晰的阐述，即明确了"考什么"的问题。为让广大考生在最短的时间内快速掌握考试内容，轻松应对无纸化考试，我们严格按照财政部 2014 年颁发的考试大纲，本着财政部对会计从业资格无纸化考试题库建设所提出的全面性、科学性、唯一性、难易适中、灵活性等原则，在对 2014 年新修订的会计从业资格考试大纲进行全面解读的基础上，悉心为广大考生编写了这套辅导丛书。在本丛书的内容设计上，我们将重点放在如何理解大纲中的"每一个考点"，如何掌握大纲中"各考点的考核方式"，即解决"怎样考""如何答"等问题。基于此，本丛书确定为"应试指南+真题题库及全真试卷"，避免了与考试大纲内容的重复，但在编写内容上与 2014 的新大纲高度吻合。

本丛书共有六册：《财经法规与会计职业道德应试指南》《会计基础应试指南》《初级会计电算化应试指南》《财经法规与会计职业道德真题题库及全真试卷》《会计基础真题题库及全真试卷》《初级会计电算化真题题库及全真试卷》。《财经法规与会计职业道德应试指南》主要包括按各章节知识点梳理的考点和考点对应的题型及解析，《财经法规与会计职业道德真题题库及全真试卷》包括海量真题题库和精编全真试卷，其题型涵盖单项选择题、多项选择题、判断题和案例分析题。

本丛书内容翔实、重点突出、深入浅出，是广大考生顺利通过会计从业资格无纸化考试的最佳选择。

由于编者水平有限，书中错误在所难免，欢迎广大考生予以批评指正，以便我们及时更正和完善。

全国会计从业资格证无纸化考试
辅导丛书编委会
2015 年 3 月

目　录

第一篇　学习指南

第二篇　考点解析

第一篇 学习指南

一、无纸化考试题型分析

根据财政部《全国会计从业资格无纸化考试题库建设方案》，财经法规与会计职业道德的考试题由单项选择题、多项选择题、判断题和案例分析题组成，主要考查考生财经法规与会计职业道德的专业基础知识掌握情况和分析运用能力。

1. 单项选择题。单项选择题包括题干和选项两个部分，其中，选项为 A、B、C、D 四个选项，每题只有一个正确选项，选对得分，选错、不选均不得分。单项选择题每题 1 分。

2. 多项选择题。多项选择题包括题干和选项两个部分，其中，选项为 A、B、C、D 四个选项，有一个以上的多个正确选项，选对得分，多选、少选、不选均不得分。多项选择题每题 2 分。

3. 判断题。判断题包括题干和选项两个部分，每题只有一个正确或错误的选项，选对得分，选错、不选均不得分。判断题每题 1 分。

4. 案例分析题。案例分析题包括题干和选项两个部分，其中，选项为 A、B、C、D 四个选项，正确选项数量不确定，选对得分，多选、少选、不选均不得分。案例分析题每个考点 1~2 分。

二、无纸化考题计分方法

财经法规与会计职业道德满分为 100 分，难易程度比例约为

4：6。该科无纸化考试单项选择题 20 分、多项选择题 40 分、判断题 20 分、案例分析题 20 分。

三、无纸化考题答题要领

一道题要想得分，必须按试题要求完成。由于每种题型的考试要求不同，答题时必须读懂每种题型的给分要求。

1. 单项选择题答题要领。单项选择题要求考生从每小题给出的四个备选答案中选出一个正确的答案，并要求考生将所选答案的字母填在题后的括号内。

2. 多项选择题答题要领。多项选择题每小题均有两个及以上正确答案，要求考生从每小题给出的备选答案中选出正确的答案。每小题必须所有的答案选择正确的才得分；不答、错答、漏答均不得分，并要求考生将所选答案的字母填在题后的括号内。

3. 判断题答题要领。判断题要求考生对自己认为正确的可在题号对应的括号中打"√"；认为错误的，在题号对应的括号中打"×"。判断正确的得分，错误的扣分，不答不得分也不扣分。

4. 案例分析题答题要领。案例分析题标准分值为 20 分，题量 1~2 道，考核的知识点大多集中在会计法、税法、支付结算法当中。由于案例内容多数较复杂，回答问题的难度较大，所以历来被广大考生视为最难的题型。其解答一般可按以下步骤进行：

①认真阅读案例。解题前宜先将案例中的各种法律关系整理清楚，对一些较复杂的人物关系或事件关系用简单的"关系图"标出来，以免混淆关系或有所疏漏。

②看清所提问题。案例分析题的命题有明确而具体要求，考生应根据所提问题弄清题意。有的案例案情复杂、涉及面广、知识点相互交叉，案情叙述文字较多，常导致部分考生没有信心把题读完而放弃。其实，这种案例要求考生回答的问题不一定太难，甚至是比较基础的东西，建议先看清试题所提问题，明确问

题的方向后再读案例、再解题。

③分组进行选择。实行无纸化考试后，案例分析题的答题方式与选择题相同，即在给出的备选答案中选出正确选项。所不同的是，案例分析题给出的是一个含有若干组备选答案的案例，每组备选答案都是不定项选择，考生需根据同一案例分组确定正确选项。

四、无纸化考试复习方法

每位考生，尤其是非财会专业的考生，要提高学习效率，应当掌握一个科学、务实的学习方法，才能在较短的时间内，有效掌握考试内容，顺利通过考试。由于无纸化考试的试题是建立在海量题库的基础上随机组卷生成无纸化试卷，所以，考生只有在全面复习的基础上才能真正提高过关概率。具体方法如下：

1. 熟练掌握考试大纲，明确考试范围。考试大纲是全国会计从业资格考试的统一标准和命题唯一依据，也是考生进行考试复习的范围。考生在学习时，需要先在自己的头脑中建立起一个知识框架。这就好比外出旅行有了一张全景地图，无论走到任何地方都不会迷失方向。

2. 认真阅读考试教材，熟悉各章考点。由中国会计学会组织编写的考试教材具有紧扣考试大纲，内容权威，难易程度适中，表述简明扼要，深入浅出等特点，是考生复习的必备教材。为便于进行考试复习，考生除认真阅读考试教材，还必须认真学习《财经法规与会计职业道德应试指南》，以熟悉各章考点及相关内容。

3. 反复练习各章习题，逐步加深理解。无论是教材还是应试指南，都是从知识体系的角度来阐述的，阐述的方式一般是由表及里，由浅入深，是一个循序渐进的过程。但在实际考试时，所有的体系皆被打乱，无论是题目出现的顺序，还是题目内容陈述的方式，都会发生很大的变化，即便是同一个知识点，也可能出现多种命题方式。《财经法规与会计职业道德真题题库及全真试卷》可为考生提供一个反复练习的平台，以掌握各章考点不同题型的考试情境。

4. 模拟自测全真试卷，检验学习效果。模拟测试是考试复习的最后阶段，考生在完成了上述三个内容后，可通过这个环节来检验自己对所学内容的掌握情况。为取得好的实战效果，一般要求考生在一个高度仿真的情况下进行测试，即采取计时、闭卷的方式来完成各套试卷，然后再去查对参考答案并计算得分，并从中找出自己的薄弱环节，以便下一步有针对性地复习、训练。

第二篇 考点解析

第一章 会计法律制度

● 考点概览

第一章 会计法律制度	基本概念	理论问题	业务处理问题
第一节 会计法律制度的概念与构成	会计法律制度；会计法律、会计行政法规、会计部门规章和地方性会计法规	会计法律制度的四个层次	
第二节 会计工作管理体制	会计工作管理体制	会计工作的行政管理；会计工作的行业自律；单位内部的会计工作管理	单位负责人的职责；会计机构的设置；会计人员回避制度
第三节 会计核算	会计凭证；会计账簿；财务报表；会计档案	会计核算的依据；对会计资料的基本要求	会计档案的归档、移交、查阅、保管和销毁

表（续）

第一章 会计法律制度	基本概念	理论问题	业务处理问题
第四节 会计监督	单位内部会计监督；内部控制；内部审计；会计工作的政府监督、社会监督	内部控制制度的内容；内部审计制度的内容、特点和作用；财政部门会计监督的主要内容；注册会计师的业务范围	注册会计师审计与内部审计的关系
第五节 会计机构与会计人员	会计机构；会计岗位；会计人员；会计从业资格	办理会计事务的组织方式；主要会计工作岗位；会计从业资格证书的适用范围；会计专业技术资格与职务	会计机构的设置；会计机构负责人的任职资格；会计岗位设置要求；会计工作交接程序；会计从业资格证书的取得和管理
第六节 法律责任	法律责任；行政责任；刑事责任	行政处罚和行政处分；刑事责任的主刑和附加刑	不同会计违法行为的法律责任

● 考点分析

第一节　会计法律制度的概念与构成

【考点1】会计法律制度的概念

1. 会计法律制度是指国家权力机关和行政机关制定的，用以调整会计关系的各种法律、法规、规章和规范性文件的总称。

2. 会计关系是指会计机构和会计人员在办理会计事务过程中以及国家在管理会计工作过程中发生的各种经济关系。

【考点2】会计法律制度的构成

我国会计法律制度主要包括会计法律、会计行政法规、会计部门规章和地方性会计法规。

（一）会计法律——《中华人民共和国会计法》《中华人民共和国注册会计师法》

1. 会计法律是指由全国人民代表大会及其常务委员会经过一定立法程序制定的有关会计工作的法律。

2. 我国目前有两部会计法律：《中华人民共和国会计法》《中华人民共和国注册会计师法》（以下分别简称《会计法》《注册会计师法》）。

3.《会计法》

（1）地位

《会计法》是我国会计工作的根本性法律，也是制定其他会计法规的依据。

（2）制定时间

《会计法》颁布于1985年，1993年和1999年全国人民代表大会常务委员会（以下简称全国人大常委会）两次对《会计法》进行了修订。目前施行的是1999年修订后重新发布的《会计法》。包括总则，会计核算，公司、企业会计核算的特别规定，会计监督，会计机构和会计人员，法律责任和附则七章共52条。

4.《注册会计师法》

（1）地位

《注册会计师法》是我国中介行业的第一部法律，对注册会计师行业管理体制、注册会计师考试和注册、会计师事务所组织形式和业务范围、法律责任等进行了系统规范，为注册会计师行业发展提供了有力的法律保障。

（2）制定时间

《注册会计师法》颁布于1993年10月31日，全国人大常委会审议通过，以第 13 号主席令颁布，于 1994 年 1 月 1 日开始实施。

●**题型分析**

1. 单项选择题

【例】会计法律是由（　　）制定并修改的。

　　A. 全国人大及其常委会　　B. 国务院

　　C. 国务院财政部门　　　　D. 省级财政部门

【答案】A

【解析】会计法律是指由全国人民代表大会及其常务委员会经过一定立法程序制定的有关会计工作的法律。

2. 多项选择题

【例】我国会计法律制度包括（　　）。

　　A. 会计行政法规　　　　B. 会计法律

　　C. 会计部门规章　　　　D. 地方性会计法规

【答案】ABCD

【解析】我国基本形成了以《会计法》为主体的比较完整的会计法规体系，主要包括四个层次，即会计法律、会计行政法规、会计部门规章和地方性会计法规。

3. 判断题

【例】我国的会计法律制度由会计法律、会计部门规章和会计规范性文件三个层次构成。

【答案】×

【解析】根据《立法法》，会计法律的效力最高，以下依次为会计行政法规、会计部门规章和地方性会计法规。

（二）会计行政法规——"××条例"

1. 会计行政法规，是指由国务院制定并发布，或者国务院有关部门拟订并经国务院批准发布，调整经济生活中某些方面会计关系的法律规范。

2. 会计行政法规的制定依据是《会计法》。

3. 我国目前施行的会计行政法规有两部:《企业财务会计报告条例》《总会计师条例》。

4.《企业财务会计报告条例》

《企业财务会计报告条例》颁布于 2000 年 6 月 21 日,对企业财务会计报告的构成、编制、对外提供、法律责任等重大方面作了规定,要求企业负责人对本企业财务会计报告的真实性、完整性负责,企业不得编制和对外提供虚假的或者隐瞒重要事实的财务会计报告。

5.《总会计师条例》

《总会计师条例》颁布于 1990 年 12 月 31 日,对总会计师的地位、作用、职责、权限、任免与奖惩等进行了系统规范,特别规定了全民所有制大、中型企业应当设置总会计师,并规定设置总会计师的单位在单位行政领导中,不得设置与总会计师职权重叠的副职。

●**题型分析**

1. 单项选择题

【例】《企业财务会计报告条例》由( )制定。

    A. 全国人民代表大会

    B. 全国人民代表大会常务委员会

    C. 国务院

    D. 财政部

【答案】C

2. 多项选择题

【例】下列属于会计行政法规的有( )。

    A.《会计法》   B.《会计基础工作规范》

    C.《总会计师条例》   D.《企业财务会计报告条例》

【答案】CD

3. 判断题

会计行政法规，是指国务院制定发布或者国务院有关部门拟订经国务院批准发布，调整各种会计关系的法律规范。（　　）

【答案】×

【解析】会计行政法规，是指由国务院制定并发布，或者国务院有关部门拟订并经国务院批准发布，调整经济生活中某些方面会计关系的法律规范。

（三）会计部门规章——"××办法"

1. 会计部门规章是根据我国《立法法》规定的程序，由财政部制定的以财政部部长签署命令（部长令）形式予以公布的有关会计工作的会计准则制度和规范性文件。

2. 目前有效的会计部门规章有：《财政部门实施会计监督办法》《会计师事务所审批和监督暂行办法》《注册会计师注册办法》《会计从业资格管理办法》《注册会计师统一考试违规行为处理办法》等。

2006 年 2 月 15 日以财政部第 33 号令发布的修订后的《企业会计准则——基本准则》也属于部门规章。

●题型分析

判断题

【例】中国人民解放军总后勤部可以依照会计法和国家统一的会计制度制定军队实施国家统一的会计制度的具体办法，报国务院财政部门审核批准。（　　）

【答案】×

【解析】中国人民解放军总后勤部可以依照本法和国家统一的会计制度制定军队实施国家统一的会计制度的具体办法，报国务院财政部门"备案"。

（四）地方性会计法规

地方性会计法规是指由省、自治区、直辖市人民代表大会或常务委员会在同宪法、会计法律、行政法规和国家统一的会计准则制度不相抵触的前提下，根据本地区情况制定发布的关于会计核算、会计监督、会计机构和会计人员以及会计工作管理的规范性文件。如《云南省会计条例》。

●题型分析

1. 单项选择题

【例】地方性会计法规不包括（　　）。

  A. 经济特区的人民代表大会及其常委会制定的地方性会计规范性文件

  B. 省、自治区、直辖市人民代表大会及其常委会制定的地方性会计法规

  C. 县（市、区）人民代表大会及其常委会制定的地方性会计规范性文件

  D. 计划单列市人民代表大会及其常委会制定的地方性会计规范性文件

【答案】C

【解析】地方性会计法规包括经济特区的人民代表大会及其常委会制定的地方性会计规范性文件；省、自治区、直辖市人民代表大会及其常委会制定的地方性会计法规；计划单列市人民代表大会及其常委会制定的地方性会计规范性文件。故选C。

2. 判断题

【例】为保持我国会计制度的统一性，地方性会计法规不属于我国会计法律制度的构成部分。　　　　　　　　（　　）

【答案】×

【解析】我国的会计法律制度由会计法律、会计行政法规、会计部门规章和地方性会计法规构成。

第二节　会计工作管理体制

会计工作管理体制是指国家划分会计工作管理权限的制度。我国会计工作管理体制包括会计行政管理、行业自律管理和单位内部的会计管理。

【考点3】会计工作的行政管理

(一) 会计工作行政管理体制

我国会计工作行政管理体制实行统一领导、分级管理的原则。

国务院财政部门主管全国的会计工作。县级以上地方各级人民政府财政部门管理本行政区域内的会计工作。

●题型分析

1. 单项选择题

【例】根据《会计法》的规定，行使会计工作管理职能的政府部门是（　　）。

　　A. 财政部门　　　　　　　B. 税务部门

　　C. 审计部门　　　　　　　D. 金融部门

【答案】A

2. 判断题

【例】县级（包括县级）以上地方各级人民政府财政部门管理本行政区域的会计工作。　　　　　　　　　　　　　（　　）

【答案】√

(二) 会计工作行政管理的内容

会计工作的行政管理主要包括以下四个方面：

1. 制定国家统一的会计准则制度

国家统一的会计准则制度由国务院财政部门根据会计法制定

并公布。

国家统一的会计制度是在全国范围内实施的会计工作管理方面的规范性文件，主要包括四个方面：一是国家统一的会计核算制度，如《企业会计准则——基本准则》和各具体准则及其应用指南、《事业单位会计准则》《企业会计制度》《金融企业会计制度》《小企业会计制度》等；二是国家统一的会计监督制度；三是国家统一的会计机构和会计人员管理制度，如《总会计师条例》《会计从业资格管理办法》《会计专业技术资格考试暂行规定》等；四是国家统一的会计工作管理制度，如《会计档案管理办法》《会计人员工作规则》等。

2. 会计市场管理

会计市场管理包括会计市场的准入管理、过程监管和退出管理三个方面。

（1）会计市场的准入管理

从事会计工作的人员，必须取得会计从业资格证书，由我国县级以上财政部门进行管理。

市场准入包括：会计从业资格、会计师事务所的设立、代理机构的设立等。

①对于不具备设置会计机构和会计人员条件的单位应当委托代理记账机构办理会计业务。

②除会计师事务所以外，代理记账机构应当经所在地的县级以上人民政府财政部门批准，并取得由财政部门统一印制的代理记账许可证书。

（2）会计市场的过程监管

对于获准进入会计市场的机构和人员是否依法执行业务、是否持续符合相关的资格和条件，属于会计市场过程监管的范畴。

（3）会计市场的退出管理

①代理记账机构和人员应持续符合相关资格条件，并主动接受

监督检查；不符合相应条件时，原审批机关可以撤回行政许可。

②发生违反会计法、注册会计师法行为的，财政部门有权对其进行处罚，情节严重的，可吊销其执业资格，强制其退出会计市场。

3. 会计专业人才评价

我国的会计专业人才评价方式，包括：

（1）初级、中级、高级会计人才评价机制。

（2）会计行业领军人才的培养、评价——新的会计人才评价方式。

（3）对先进会计人员的表彰奖励也属于会计专业人才评价的范畴。

《会计法》规定，对认真执行会计法律制度、忠于职守、坚持原则、成绩显著的会计人员，给予精神或物质奖励。

财政部和地方财政部门对先进会计工作者的表彰奖励也属于会计人才评价的范畴。根据《会计法》的规定，财政部制定了《全国先进会计工作者评选表彰办法》，一般每三年组织一次自上而下的全国先进会计工作者的全面评选，同时每年评选表彰10名年度全国先进会计工作者。

4. 会计监督检查

财政部门依法实施的会计监督检查主要是会计信息质量检查、会计师事务所执业质量检查以及对会计行业自律组织的监督、指导等。监督检查的主体是财政部门（国务院财政部门、国务院财政部门的派出机构和县级以上人民政府财政部门）。

●题型分析

1. 单项选择题

【例】发生违反会计法、注册会计师法行为的，财政部门有权对其进行（　　）处罚。

　　A. 直接吊销执业资格

B. 直接强制其退出会计市场

C. 可以吊销其执业资格

D. 情节严重的，可吊销其执业资格，强制其退出会计市场

【答案】D

【解析】发生违反会计法、注册会计师法行为的，财政部门有权对其进行处罚，情节严重的，可吊销其执业资格，强制其退出会计市场。

2. 多项选择题

【例】会计专业技术资格考试主要用于对（　　）会计人才的评价。

A. 初级　　　　　　　　B. 中级

C. 高级　　　　　　　　D. 注册

【答案】ABC

【解析】会计专业技术资格考试是会计人才评价的一种方式，主要用于对初级、中级、高级会计人才的评价。

3. 判断题

【例】所有从事代理记账的机构都应当经过所在地县级以上人民政府财政部门批准。　　　　　　　　　　　（　　）

【答案】×

【解析】除会计师事务所以外的代理记账机构应当经所在地的县级以上人民政府财政部门批准，并取得由财政部门统一印制的代理记账许可证书。

【考点4】会计工作的行业自律管理

（一）中国注册会计师协会

中国注册会计师协会是依据《注册会计师法》和《社会团体登记条例》的有关规定设立，在财政部党组和理事会领导下开展行业管理和服务的法定组织。

1. 中国注册会计师协会是中国注册会计师的行业组织，成立于 1988 年 11 月。

2. 最高权力机构——全国会员代表大会，全国会员代表大会选举产生理事会。

3. 理事会下设 13 个专门委员会。

●题型分析

1. 单项选择题

【例】我国实行注册会计师全国统一考试制度，考试成绩合格并从事审计业务工作（　　）以上的人员，才可以申请成为注册会计师。

    A. 1 年　　　　　　　　B. 2 年

    C. 3 年　　　　　　　　D. 5 年

【答案】B

2. 判断题

【例】《注册会计师法》规定：注册会计师可以承办会计咨询、会计服务业务。　　　　　　　　　　　　　　（　　）

【答案】√

（二）中国会计学会

中国会计学会创建于 1980 年，是财政部所属由全国会计领域各类专业组织，以及会计理论界、实务界会计工作者自愿结成的学术性、专业性、非营利性社会组织。

（三）中国总会计师协会

中国总会计师协会是经财政部审核同意、民政部正式批准，依法注册登记成立的跨地区、跨部门、跨行业、跨所有制的非营利性国家一级社团组织，是总会计师行业的全国性自律组织。

●题型分析

多项选择题

【例】根据《总会计师条例》的规定，下列对总会计师的地位的论述，其中不正确的是（　　）。

A. 总会计师是一种专业技术职务

B. 总会计师是单位的会计机构负责人

C. 总会计师是单位行政领导成员

D. 总会计师是单位财务会计工作的主要负责人

【答案】AB

【考点5】单位内部的会计工作管理

单位内部的会计工作管理主要包括：①单位负责人的职责；②会计机构的设置；③会计人员的选拔任用；④会计人员回避制度。

1. 单位负责人要组织、管理好本单位的会计工作

单位负责人是指单位法定代表人或者法律、行政法规规定代表单位行使职权的主要负责人。

《会计法》要求单位负责人应当承担的责任包括：

（1）对本单位的会计工作和会计资料的真实性、完整性负责；

（2）应当保证财务会计报告真实、完整；

（3）应当保证会计机构和会计人员依法履行职责，不得授意、指使、强令会计机构和会计人员违法办理会计事项。

单位负责人是单位的会计责任主体，但并不排除会计人员和其他人员的责任。

单位负责人的范畴		
1	单位的法定代表人（也称法人代表）	国有工业企业的厂长（经理）
		公司制企业的董事长
		国家机关的最高行政官员等
2	按照法律、行政法规规定代表单位行使职权的负责人	代表合伙企业执行合伙企业事务的合伙人
		个人独资企业的投资人等

2. 会计机构的设置

（1）是否单独设置会计机构由各单位根据自身会计业务的需要自主决定。一般而言，一个单位是否单独设置会计机构，往往取决于下列因素：单位规模的大小，经济业务和财务收支的繁简，以及经营管理的要求。

（2）《会计基础工作规范》在第六条中规定：不具备单独设置会计机构条件的，应当在有关机构中配备专职会计人员。

（3）《会计基础工作规范》第八条规定：没有设置会计机构和配备会计人员的单位，应当根据《代理记账管理暂行办法》委托会计师事务所或者持有代理记账许可证书的其他代理记账机构进行代理记账。

3. 会计人员的选拔任用

会计人员的选拔任用由所在单位具体负责。

在国家机关、社会团体、公司、企业、事业单位和其他组织从事会计工作的人员必须取得会计从业资格。各单位不得任用（聘用）不具备会计从业资格的人员从事会计工作。

4. 会计人员回避制度

（1）国家机关、国有企业、事业单位任用会计人员应当实行回避制度。

（2）单位负责人的直系亲属不得担任本单位的总会计师、会计机构负责人、会计主管人员。

（3）总会计师、会计机构负责人、会计主管人员的直系亲属不得在本单位会计机构中担任出纳工作。需要回避的直系亲属包括夫妻关系、直系血亲关系、三代以内旁系血亲以及近姻亲关系。

●**题型分析**

1. 单项选择题

【例】下列各项中，不应由单位负责人承担的责任是（ ）。

    A. 代替会计人员办理会计事务

    B. 认真组织和管理本单位的会计核算和监督工作

    C. 保证会计机构和人员依法履行职责

    D. 保证会计资料的真实性和完整性

【答案】A

【解析】单位负责人承担的责任不包括代替会计人员直接办理会计事务。

2. 多项选择题

【例】下列各项中，不属于单位负责人的有（ ）。

    A. 某公司董事长　　　　B. 某个人独资企业的投资人

    C. 某公司总经理　　　　D. 某公司分管财务的副经理

【答案】CD

【解析】公司制企业的单位负责人应是法定代表人，即董事长。

3. 判断题

【例】会计人员对本单位的会计工作和会计资料的真实性、完整性负责。　　　　　　　　　　　　　　（ ）

【答案】×

【解析】单位负责人对本单位会计工作和会计的真实性、完整性负责。

第三节　会计核算

会计核算是以货币为主要计量单位，通过确认、计量、报告等环节，对特定主体的生产经营活动或者预算执行过程进行的反映。

会计核算是会计的基本职能之一，是会计工作的基础，会计核算过程主要包括取得和填制会计凭证、登记会计账簿、编制财务会计报告等。

【考点6】 总体要求

（一）会计核算的依据

1. 会计核算应当以实际发生的经济业务事项为依据。其具体要求是，根据实际发生的经济业务，取得合法、可靠的凭证，并据此登记账簿，编制财务会计报告，形成符合质量标准的会计资料。

2. 任何单位不得以虚假的经济业务事项或者资料进行会计核算。以虚假的经济业务事项或资料进行会计核算，是一种严重的违法行为。

●题型分析

单项选择题

【例】会计核算必须以实际发生的（　　）事项为依据。

   A. 会计业务　　　　　　B. 合同业务

   C. 经济业务　　　　　　D. 资金活动

【答案】C

（二）对会计资料的基本要求

会计资料，主要是指会计凭证、会计账簿、财务会计报告等会计核算专业资料，它是会计核算的重要成果，是投资者做出投资决策、经营者进行经营管理、国家进行宏观调控的重要依据。

1. 会计凭证、会计账簿、财务会计报告和其他会计资料，必须符合国家统一的会计制度的规定。

（1）会计资料的真实性，主要是指会计资料所反映的内容和结果，应当同单位实际发生的经济业务的内容及其结果相一致。

（2）会计资料的完整性，主要是指构成会计资料的各项要素都必须齐全，以使会计资料如实、全面地记录和反映经济业务发生情况，便于会计资料使用者全面、准确地了解经济活动情况。

2. 任何单位和个人不得伪造、变造会计凭证、会计账簿和其他会计资料，不得提供虚假的财务会计报告。提供虚假会计资料是一种严重违法行为。

（1）伪造会计凭证、会计账簿及其他会计资料，是指以虚假的经济业务事项为前提编造不真实的会计凭证、会计账簿和其他会计资料，即以假充真。

（2）变造会计凭证、会计账簿及其他会计资料，是指用涂改、挖补等手段来改变会计凭证、会计账簿等的真实内容，歪曲事实真相的行为，即篡改事实。

（3）提供虚假财务会计报告，是指通过编造虚假的会计凭证、会计账簿及其他会计资料或篡改财务会计报告上的真实数据，使财务会计报告不真实、不完整地反映财务状况和经营成果，借以误导、欺骗会计资料使用者的行为，即以假乱真。

●题型分析

1. 单项选择题

【例】下列各项中，不属于会计资料的是（　　）。

    A. 会计凭证　　　　　　　B. 会计账簿

    C. 财务会计报告　　　　　D. 经济合同

【答案】D

【解析】会计资料，主要是指会计凭证、会计账簿、财务会计报告等会计核算专业资料。

2. 判断题

【例】业务员甲出差花去 3 000 元住宿费，却采用涂改手段将 3 000 元的住宿发票改为 5 000 元前来报销。甲的这种行为属于伪

造会计凭证的行为。   （ ）

【答案】×

【解析】业务员甲等这种行为属于变造会计凭证的行为。

【考点7】会计凭证

会计凭证是具有一定格式，用以记录经济业务事项的发生和完成情况，明确经济责任，并作为记账依据的书面凭证，例如供货方向购货方提供的销货发票、收款人向付款人开具的收据、库管员填写的材料或物资出（入）库单等，都是会计凭证。

按填制程序和用途不同，会计凭证可以分为原始凭证和记账凭证。

（一）原始凭证

原始凭证又称原始单据，是在经济业务发生或完成时取得或填制的，用来证明经济业务的发生或者完成情况，并作为记账原始依据的会计凭证。

1. 原始凭证的种类

原始凭证的种类（根据来源不同）	
外来原始凭证	企业、单位同外部企业、单位或个人发生经济业务时，从外部企业、单位或者个人取得的原始凭证。如发票、银行对账单等
自制原始凭证	由本单位的内部经办人员在办理经济业务时自行填制的原始凭证。如领料单、入库单等

2. 原始凭证的内容

原始凭证的内容必须具备以下要素：凭证的名称，填制凭证的日期，填制凭证单位名称或者填制人姓名，经办人员的签名或盖章，接受凭证单位名称，经济业务内容，数量、单价和金额。

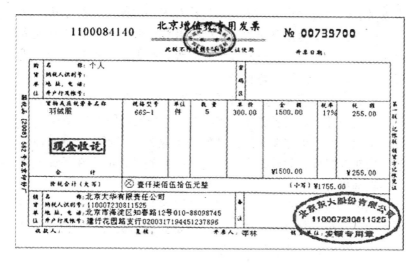

3. 原始凭证的取得、填制及提交

（1）取得。办理需进行会计核算的经济业务事项必须填制或者取得原始凭证并及时送交会计机构；原始凭证通常由经济业务事项经办人员取得或填制。

（2）填制。根据《会计基础工作规范》，原始凭证的填制必须遵守以下基本要求：

第一，从外单位取得的原始凭证，必须盖有填制单位的公章；从个人取得的原始凭证，必须有填制人的签名或盖章；自制原始凭证必须有经办单位领导人或者其指定人员的签名或盖章；对外开出的原始凭证，必须加盖本单位公章。

第二，凡填有大写和小写金额的原始凭证，大写和小写金额必须相符；购买实物的原始凭证，必须有验收证明；支付款项的原始凭证，必须有收款单位和收款人的收款证明。

第三，一式几联的原始凭证，应当注明各联的用途，只能以一联作为报销凭证；一式几联的发票和收据，必须用双面复写纸（发票和收据本身具备复写纸功能的除外）套写，并连续编号；

作废时应当加盖"作废"戳记，连同存根一起保存，不得撕毁。

第四，发生销货退回的，除填制退货发票外，还必须有退货验收证明；退款时，必须取得双方的收款收据或者汇款银行的凭证，不得以退货发票代替收据。

第五，职工借款凭证，必须附在记账凭证之后；收回借款时，应当另开收据或者退还借款副本，不得退还原借款收据。

第六，经上级有关部门批准的经济业务，应当将批准文件作为原始凭证附件；如果批准文件要单独归档的，应当在凭证上面注明批准机关名称、日期和文件字号。

（3）提交。为保证会计核算工作的正常进行和当期会计资料的真实、完整，经办人员应及时将原始凭证送交会计机构，原则上最迟不应超过一个会计结算期。

4. 原始凭证的审核

（1）会计机构、会计人员必须按照法定职责审核原始凭证。

（2）会计机构、会计人员审核原始凭证应当按照国家统一的会计制度的规定进行。

（3）会计机构、会计人员对不真实、不合法的原始凭证，有权不予受理，并向单位负责人报告，请求查明原因，追究有关当事人的责任；对记载不准确、不完整的原始凭证予以退回，并要求经办人员按照国家统一会计制度的规定进行更正、补充。

5. 原始凭证的更正

（1）原始凭证所记载的各项内容均不得涂改。

（2）原始凭证记载的内容有错误的，应当由开具单位重开或更正，更正工作须由原始凭证出具单位进行，并在更正处加盖出具单位印章。

（3）原始凭证金额出现错误的不得更正，只能由原始凭证开具单位重新开具。

（4）原始凭证开具单位应当依法开具准确无误的原始凭证，

对于填制有误的原始凭证，负有更正和重新开具的法律义务，不得拒绝。

●题型分析

1. 单项选择题

【例】下列关于原始凭证更改内容的说法中，正确的是（　　）。

　　A. 原始凭证记载的各项内容在一定条件下可以进行修改

　　B. 原始凭证有错误的，不能涂改，必须由原出具单位重开

　　C. 原始凭证金额有错误的，必须由原出具单位重开

　　D. 原始凭证有错误的，可以直接在错误处更正，但必须由原出具单位加盖印章

【答案】C

【解析】①原始凭证所记载的各项内容均不得涂改。②原始凭证记载的内容有错误的，应当由开具单位重开或更正，更正工作须由原始凭证出具单位进行，并在更正处加盖出具单位印章。③原始凭证金额出现错误的不得更正，只能由原始凭证开具单位重新开具。

2. 多项选择题

【例】原始凭证应当具备的内容有（　　）。

　　A. 凭证的名称

　　B. 接受凭证的单位印章

　　C. 接受凭证的单位全称

　　D. 经济业务内容、数量、单价和金额

【答案】ACD

【解析】原始凭证的内容必须具备以下要素：凭证的名称，填制凭证的日期，填制凭证单位名称或者填制人姓名，经办人员的签名或盖章，接受凭证单位名称，经济业务内容，数量、单价和金额。

3. 判断题

【例】会计人员对记载不准确、不完整的原始凭证有权不予受理，并向单位负责人报告，请求查明原因，追究有关当事人的责任。 （　　）

【答案】×

【解析】对记载不准确、不完整的原始凭证予以退回，并要求经办人员按照国家统一会计制度的规定进行更正、补充。

（二）记账凭证

记账凭证是由会计人员根据审核无误的原始凭证或原始凭证汇总表编制的，用来确定会计分录，作为登记账簿直接依据的会计凭证。

1. 记账凭证的种类

按照各自适用的经济业务范围，记账凭证分为专用记账凭证和通用记账凭证。

（1）专用记账凭证

专用记账凭证是指专门用来记录某一类经济业务的记账凭证。按照它们所记录的经济业务是否与现金和银行存款收付业务有关，分为收款凭证、付款凭证和转账凭证。

（2）通用记账凭证

通用记账凭证是指适用于各类经济业务、具有统一格式的记账凭证，也称标准凭证。一般在业务量少、凭证不多的单位中应用。

2. 记账凭证的内容

记账凭证的内容必须具备：填制凭证的日期，凭证的编号，经济业务摘要，会计科目，金额，所附原始凭证张数，填制凭证人员、稽核人员、记账人员、会计机构负责人、会计主管人员签名或者盖章。其中收款和付款记账凭证还应当由出纳人员签名或者盖章。以自制的原始凭证或者原始凭证汇总表代替记账凭证的，也必须具备记账凭证应有的项目。

3. 记账凭证的填制要求

（1）记账凭证编制必须以原始凭证及有关资料为依据。

（2）作为记账凭证编制依据的必须是经过审核无误的原始凭证和有关资料。

（3）除结账、更正错误的记账凭证可以不附原始凭证外，其他记账凭证必须附有原始凭证并注明所附原始凭证的张数。

（4）一张原始凭证所列的支出需要由两个以上的单位共同负担时，应当由保存该原始凭证的单位开具原始凭证分割单给其他应负担的单位。

（5）记账凭证可以根据每一张原始凭证填制，或者若干张同类原始凭证汇总填制，也可以根据原始凭证汇总表填制，但不得将不同内容和类别的原始凭证汇总填制在一张记账凭证上。

（6）如果在填制记账凭证时发生错误，应当重新填制，已经登记入账的记账凭证，在当年内发现填写错误时，可以用红字填写一张与原内容相同的记账凭证，在摘要栏注明"注销某月某日某号凭证"字样，同时再用蓝字重新填制一张正确的记账凭证，注明"订正某月某日某号凭证"字样；如果会计科目没有错误，只是金额错误，也可以将正确数字与错误数字之间的差额，另编一张调整的记账凭证，调增金额用蓝字，调减金额用红字；发现以前年度记账凭证有错误的，应当用蓝字填制一张更正的记账凭证。

（7）记账凭证填制完经济业务事项后，如有空行，应当自金额栏最后一笔金额数字下的空行处至合计数上的空行处划线注销。

●题型分析

1. 单项选择题

【例】《会计法》规定，作为记账凭证编制依据的必须是（　　）的原始凭证和有关资料。

A. 经办人签字　　　　B. 领导批准

C. 金额无误　　　　　D. 经过审核无误

【答案】D

2. 多项选择题

【例】记账凭证必须具备的基本要素包括（　　　）。

   A. 凭证的名称和编号　　B. 填制凭证的日期

   C. 所附原始凭证张数　　D. 经济业务摘要

【答案】ABCD

【解析】记账凭证的内容必须具备：填制凭证的日期，凭证的编号，经济业务摘要，会计科目，金额，所附原始凭证张数，填制凭证人员、稽核人员、记账人员、会计机构负责人、会计主管人员签名或者盖章。其中收款和付款记账凭证还应当由出纳人员签名或者盖章。以自制的原始凭证或者原始凭证汇总表代替记账凭证的，也必须具备记账凭证应有的项目。

（三）会计凭证的填制要求

根据《会计基础工作规范》的规定，填制会计凭证不仅要字迹清晰、工整，还要符合下列要求：

1. 阿拉伯数字应当一个一个地写，不得连笔写；阿拉伯金额数字前面应当书写货币币种符号或者货币名称简写，并且币种符号和阿拉伯金额数字之间不得留有空白；凡阿拉伯数字前写有币种符号的，数字后面不得再写货币单位。

2. 所有以元为单位（其他货币种类为货币基本单位）的阿拉伯数字，除表示单价等情况外，一律填写到角分；无角分的，角位和分位可写"００"，或者符号"—"；有角无分的，分位应当写"0"，不得用符号"—"代替。

3. 汉字大写数字金额如壹、贰、叁、肆、伍、陆、柒、捌、玖、拾、佰、仟、万、亿等，一律用正楷或者行书体书写，不得用0、一、二等简写字代替，不得任意自造简化字。大写金额数字到元或者角为止的，在"元"或者"角"字之后应当写"整"字或者"正"字，大写金额数字有分的，后面不写"整"字或者

"正"字。

4. 大写金额数字前未印有货币名称的，应当加填货币名称，货币名称与金额数字之间不得留有空白。

5. 阿拉伯金额数字中间有"0"时，汉字大写金额要写"零"字；阿拉伯数字金额中连续有几个"0"时，汉字大写金额中可以只写一个"零"字；阿拉伯金额数字元位是"0"，或者数字中间连续有几个"0"、元位也是"0"但角位不是"0"时，汉字大写金额可以只写一个"零"字，也可以不写"零"字。

（四）会计凭证的保管

会计机构、会计人员要妥善保管会计凭证，具体要求是：

1. 会计凭证应当及时传递，不得积压。

2. 会计凭证登记完毕后，应当按照分类和编号顺序保管，不得散乱丢失。

3. 记账凭证应当连同所附的原始凭证或者原始凭证汇总表，按照编号顺序折叠整齐，按期装订成册，并加具封面，注明单位名称、年度、月份和起讫日期、凭证种类、起讫号码，由装订人在装订线外签名或者盖章；对于数量过多的原始凭证，可以单独装订保管；各种经济合同、存出保证金收据以及涉外文件等重要原始凭证，应当另编目录，单独登记保管，并在有关的记账凭证和原始凭证上相互注明日期和编号。

4. 原始凭证不得外借，其他单位如因特殊原因需要使用原始凭证时，经本单位会计机构负责人、会计主管人员批准，可以复制；向外单位提供的原始凭证复制件，应当在专设的登记簿上登记，并由提供人员和收取人员共同签名或者盖章。

5. 从外单位取得的原始凭证如有遗失，应当取得原开出单位盖有公章的证明，并注明原来凭证的号码、金额和内容等，由经办单位会计机构负责人、会计主管人员和单位领导人批准后，才能代作原始凭证；如果确实无法取得证明的，如火车、轮船、飞机票等凭证，由当事人写出详细情况，由经办单位会计机构负责人、会计主管人员和单位领导人批准后，代作原始凭证。

●**题型分析**

判断题

【例】原始凭证不得外借，但经本单位领导批准，可以复印，不必登记。 （　　）

【答案】×

【解析】根据《会计基础工作规范》，原始凭证不得外借，其他单位如因特殊原因需要使用原始凭证时，经本单位会计机构负责人、会计主管人员批准，可以复制；向外单位提供的原始凭证复制件，应当在专设的登记簿上登记，并由提供人员和收取人员共同签名或者盖章。

【考点8】 会计账簿

会计账簿是指由一定格式的账页组成的，以经过审核的会计凭证为依据，全面、系统、连续地记录各项经济业务的簿籍。《会计法》对会计账簿的种类、登记规则等内容进行了详细的规定。

1. 会计账簿的分类

按用途的不同	序时账簿	现金日记账和银行存款日记账
	分类账簿	总分类账簿
		明细分类账簿
	备查账簿	租入的固定资产登记簿、委托加工材料登记簿等
按外形的不同	订本式账簿	总分类账、现金日记账和银行存款日记账必须采用订本账
	活页式账簿	明细账多采用活页账
	卡片式账簿	一般情况下，固定资产的明细账采用卡片账

2. 会计账簿的设置

（1）所有实行独立核算的国家机关、社会团体、公司、企业、事业单位和其他组织都必须依法设置、登记会计账簿。

（2）设置会计账簿的种类和具体要求，要符合《会计法》和国家统一的会计制度的规定。

（3）各单位要依法设置的会计账簿包括4类，即总账——订本账、明细账——活页账、日记账——订本账、其他辅助账簿（备查账簿）。

3. 登记会计账簿的规定

（1）根据经过审核无误的会计凭证登记会计账簿。

（2）按照记账规则登记会计账簿。《会计工作基础规范》中规定的记账规则包括：会计账簿应当按照连续编号的页码顺序登记；会计账簿记录发生错误或隔页、缺号、跳行的，应当按照会计制度规定的方法更正，并由记账人员签名或盖章。

（3）实行会计电算化的单位，其会计账簿的登记、更正，也应当符合国家统一的会计制度的规定。

（4）禁止账外设账。各单位发生的各项经济业务事项应当在依法设置的会计账簿上统一登记、核算，不得私设账外账。

（5）账簿书写的要求。为了保持账簿记录的持久性，防止涂改，记账必须使用蓝黑墨水或碳素墨水，并用钢笔书写，不得使用圆珠笔或铅笔书写，除改错、冲账、登记减少数可以使用红笔登记外，其余账簿记录均不得使用红色墨水。账簿记录发生错误时，不得涂改、挖补、刮擦或用褪色药水消除字迹，不得重新抄写。在书写文字和数字时，不要写满格，一般应占格距的1/2，这样就可以在发现错误时，在该文字和数字的上面进行更正。

4. 账目核对

账目核对也称对账，是保证会计账簿记录质量的重要程序。根据《会计法》的规定，各单位应当定期将会计账簿记录与实物、款项及有关资料相互核对，保证会计账簿记录与实物及款项的实有数额相符、会计账簿记录与会计凭证的有关内容相符、会计账簿之间相对应的记录相符等。具体要求包括三个方面：账实相符、账证相符、账账相符。

●**题型分析**

1. 单项选择题

【例】下列属于会计账簿主要作用的是（　　）。

　　A. 全面、系统、连续地记录和反映经济业务

　　B. 进行纳税申报

　　C. 保证财产的安全完整

　　D. 建立经济档案

【答案】A

【解析】全面、系统、连续地记录和反映经济业务是会计账簿的主要作用。

2. 多项选择题

【例】按照《会计法》的要求，各单位依法设置的会计账簿是（　　）。

　　A. 具备一定格式

　　B. 用以记载各项

　　C. 编制会计报表的唯一依据

　　D. 审计工作的重要依据

【答案】ABD

【解析】会计报表是根据会计账簿记录和有关资料编制的，所以账簿不是编制会计报表的唯一依据。

3. 判断题

【例】各单位发生的各项经济业务或者事项应当在依法设置的会计账簿上统一登记、核算。　　　　　　　　　　（　　）

【答案】√

【解析】各单位发生的各项经济业务事项应当在依法设置的会计账簿上统一登记、核算，不得私设账外账。

【考点9】财务报表

财务报表是对企业财务状况、经营成果和现金流量的结构性表述。财务报表至少应当包括下列组成部分：

（一）资产负债表

资产负债表反映企业资产、负债及资本的期末状况、长期偿债能力、短期偿债能力和利润分配能力等。

（二）利润表

利润表（或称损益表）反映本期企业收入、费用和应该记入当期利润的利得和损失的金额和结构情况。

（三）现金流量表

现金流量表反映企业现金流量的来龙去脉，分为经营活动、投资活动及筹资活动三部分。

（四）所有者权益（或股东权益）变动表

所有者权益（或股东权益）变动表反映本期企业所有者权益（股东权益）总量的增减变动情况，还包括结构变动的情况，特别是要反映直接计入所有者权益的利得和损失。

（五）附注

财务报表附注一般包括如下项目：企业的基本情况；财务报表编制基础；遵循企业会计准则的声明；重要会计政策和会计估计；会计政策和会计估计变更及差错更正的说明；重要报表项目的说明；其他需要说明的重要事项，如或有和承诺事项、资产负债表日后非调整事项，关联方关系及其交易等。

财务报表上述组成部分具有同等的重要程度。

财务报表由单位负责人和主管会计工作的负责人、会计机构负责人（会计主管人员）签名并盖章；设置总会计师的单位，还须由总会计师签名并盖章。单位负责人应当保证财务报表内容真实、完整。

●题型分析

1. 单项选择题

【例】反映公司、企业现金和现金等价物的流入和流出情况的会计报表是（　　）。

    A. 资产负债表　　　　　　B. 利润表

    C. 现金流量表　　　　　　D. 股东权益增减变动表

【答案】C

2. 多项选择题

根据国家统一的会计制度的规定，单位对外提供的财务报表应当由单位有关人员签字并盖章。下列各项中，应当在单位对外提供的财务报表上签字并盖章的有（　　）。

    A. 单位负责人　　　　　　B. 总会计师

    C. 会计机构负责人　　　　D. 单位内部审计人员

【答案】ABC

3. 判断题

【例】公司、企业可以根据不同报表使用者的需要，采取不同的编制基础、编制依据、编制原则和编制方法分别编制并提供财务报表。 （　　）

【答案】×

【考点10】会计档案管理

（一）会计档案的内容

会计档案包括会计凭证、会计账簿、财务报表等会计核算专业资料，是记录和反映单位经济业务的重要史料和证据。各单位的预算、计划、制度等文件材料属于文书档案，不属于会计档案。

会计档案一般分为：

1. 会计凭证类，包括原始凭证、记账凭证、汇总凭证和其他会计凭证。

2. 会计账簿类，包括总账、日记账、明细账、辅助账等。

3. 财务报表类，包括月度、季度、半年度、年度会计报表及相关文字分析材料等。

4. 其他类，包括银行存款余额调节表、银行对账单、会计档案移交清册、会计档案保管清册、会计档案销毁清册等。

（二）会计档案的管理部门

各级人民政府财政部门和档案行政管理部门共同负责会计档案工作的指导、监督和检查。

（三）会计档案的归档

各单位每年形成的会计档案，应由单位会计部门按照归档要求负责整理立卷或装订。

采用计算机进行核算的单位，应当保存打印出的纸质会计档案。

（四）会计档案的移交

当年形成的会计档案，在会计年度终了后，可暂由会计机构保管一年，期满之后，应当由会计机构编制移交清册，移交本单位档案机构统一保管；未设立档案机构的，应当在会计机构内部指定专人保管。

出纳人员不得兼管会计档案。

（五）会计档案的查阅

各单位应当建立健全会计档案查阅、复制登记制度。我国境内所有单位的会计档案不得携带出境。

会计档案原件原则上不得借出，如有特殊需要，须经本单位负责人批准，在不拆散原卷册的前提下，可以提供查阅或者复制，并办理登记手续。

（六）会计档案的保管期限

会计档案的保管期限分为永久和定期两类。定期保管的会计档案期限分为 3 年、5 年、10 年、15 年和 25 年五类。

会计档案的保管期限，从会计年度终了后的第一天算起。

会计档案保管期限表

会计档案名称	保管期限
一、会计凭证类	
1. 原始凭证	15 年
2. 记账凭证	15 年
3. 汇总凭证	15 年
二、会计账簿类	
1. 日记账	15 年
其中：现金和银行存款日记账	25 年
2. 明细账	
3. 总账	15 年
4. 固定资产卡片（报废清理后）	5 年
5. 辅助账簿	15 年
6. 涉外和其他重要的会计账簿	永久
三、会计报告类	
1. 月季度会计报告（包括文字分析）	3 年
2. 年度会计报表（决算）	永久
四、其他类	
1. 会计移交清册	15 年
2. 会计档案保管清册	永久
3. 会计档案销毁清册	永久
4. 银行余额调节表	5 年
5. 银行对账单	5 年

（七）会计档案的销毁

1. 销毁程序

对于保管期满可以销毁的会计档案，应当按照规定的程序销毁。

（1）编制会计档案销毁清册

会计档案保管期满需要销毁的，由单位档案部门提出意见，会同会计部门共同审查和鉴定，在此基础上编制会计档案销毁清册。单位负责人应当在会计档案销毁清册上签署意见。

（2）专人负责监销

销毁会计档案时，应当由单位的档案部门和会计部门共同派人监销；国家机关销毁会计档案时，还应当由同级财政、审计部门派人监销；财政部门销毁会计档案时，应当由同级审计部门派人监销。销毁后，监销人应当在会计档案销毁清册上签名盖章，并将监销情况报告本单位负责人。

2. 不得销毁的会计档案

对于保管期满但未结清的债权债务原始凭证和涉及其他未了事项的原始凭证，不得销毁，应单独抽出立卷，由档案部门保管到未了事项完结时为止。单独抽出立卷的会计档案，应当在会计档案销毁清册和会计档案保管清册中列明。

正处于项目建设期间的建设单位，其保管期满的会计档案不得销毁。

● 题型分析

1. 单项选择题

【例】会计档案由单位会计机构负责整理立卷归档，保管（　　）期满后移交单位会计档案管理机构。

　　A. 半年　　　　　　　　B. 一年

　　C. 一年半　　　　　　　D. 两年

【答案】B

【解析】会计档案由单位会计机构负责整理归档并保管一年期满后，移交单位的会计档案管理机构或指定专人继续保管。

2. 多项选择题

【例】下列关于会计档案的表述中，符合《会计档案管理办法》规定的有（　　）。

A. 单位会计档案经本单位会计机构负责人批准后可以对外提供查询

B. 单位会计档案销毁须经单位负责人批准

C. 保管期满但未结清债权债务的原始凭证，不得销毁

D. 正在项目建设期间的建设单位，其保管期满的会计档案不得销毁

【答案】BCD

【解析】保管期满但未结清的债权债务原始凭证及其他未了事项的原始凭证，不得销毁，应当单独抽出立卷，保管到未了事项完结时为止；正在项目建设期间的建设单位，其保管期满的会计档案不得销毁。

3. 判断题

【例】会计档案的保管期限分为永久和定期两类，保管期限从整理归档之日起算。　　　　　　　　　　　　（　　）

【答案】×

【解析】保管期限从会计年度终了后第一天算起。

第四节　会计监督

【考点 11】单位内部会计监督

（一）单位内部会计监督的概念与要求

1. 单位内部会计监督是指会计机构、会计人员依照法律的规

定，通过会计手段对经济活动的合法性、合理性和有效性进行的一种监督。单位内部会计监督本质是一种内部控制制度。

2. 各单位应当建立、健全本单位内部会计监督制度。

（1）建立内部牵制制度，即记账人员与经济业务事项和会计事项的审批人员、经办人员、财务保管人员的职责权限应当明确，并相互分离、相互制约。

（2）重大对外投资、资产处置、资金调度和其他重要经济业务事项的决策和执行的相互监督、相互制约程序应当明确。

（3）财产清查的范围、期限和组织程序应当明确。

财产清查制度是通过定期或不定期、全面或部分地对各项财产物资进行实地盘点和对库存现金、银行存款、债权债务进行清查核对的一种制度。

（4）对会计资料定期进行内部审计的办法和程序应当明确。

●题型分析

1. 单项选择题

【例】（   ）应当保证会计机构，会计人员依法履行职责，不得以任何方式授意、指使、强令会计机构、会计人员违法办理会计事项。

    A. 单位负责人

    B. 会计机构负责人

    C. 分管单位会计工作的副职领导

    D. 监事长

【答案】A

【解析】单位负责人负责单位内部会计监督制度的组织实施，对本单位内部会计监督制度的建立及有效实施承担最终责任。

2. 多项选择题

【例】下列各项中，属于单位内部会计监督主体的是各单位的（   ）。

A. 审计机构   B. 会计机构

C. 会计人员   D. 审计人员

【答案】BC

【解析】内部会计监督的主体是各单位的会计机构、会计人员；内部会计监督的对象是单位的经济活动。

3. 判断题

【例】根据《会计法》的规定，单位内部会计监督的对象是会计机构、会计人员。 （ ）

【答案】×

【解析】内部会计监督的主体是各单位的会计机构、会计人员；内部会计监督的对象是单位的经济活动。

（二）内部控制

1. 内部控制的概念与目标

（1）对企业而言，内部控制是指由企业董事会、监事会、经理层和全体员工实施的、旨在实现控制目标的过程。

企业内部控制的目标主要包括：合理保证企业经营管理合法合规、资产安全、财务报告及相关信息真实完整，提高经营效率和效果，促进企业实现发展战略。

（2）对行政事业单位而言，内部控制是指单位为实现控制目标，通过制定制度、实施措施和执行程序，对经济活动的风险进行防范和管控。

行政事业单位内部控制的目标主要包括：合理保证单位经济活动合法合规、资产安全和使用有效、财务信息真实完整，有效防范舞弊和预防腐败，提高公共服务的效率和效果。

2. 内部控制的原则

企业、行政事业单位建立与实施内部控制，均应遵循全面性原则、重要性原则、制衡性原则和适应性原则。此外，企业还应遵循成本效益原则。

3. 内部控制的责任人

对企业而言，董事会负责内部控制的建立健全和有效实施。监事会对董事会建立与实施内部控制进行监督。经理层负责组织领导企业内部控制的日常运行。企业应当成立专门机构或者指定适当的机构具体负责组织协调内部控制的建立实施及日常工作。

对行政事业单位而言，单位负责人对本单位内部控制的建立健全和有效实施负责。单位应当建立适合本单位实际情况的内部控制体系，并组织实施。

4. 内部控制的内容

企业建立与实施有效的内部控制，应当包括下列要素：

①内部环境；②风险评估；③控制活动；④信息与沟通；⑤内部监督。

行政事业单位建立与实施内部控制的具体工作包括：梳理单位各类经济活动的业务流程，明确业务环节，系统分析经济活动风险，确定风险点，选择风险应对策略，并在此基础上根据国家有关规定建立健全单位各项内部管理制度并督促相关工作人员认真执行。

5. 内部控制的控制方法

对企业而言，控制措施一般包括：不相容职务分离控制、授权审批控制、会计系统控制、财产保护控制、预算控制、运营分析控制和绩效考评控制等。

行政事业单位内部控制的控制方法一般包括：不相容岗位相互分离、内部授权审批控制、归口管理、预算控制、财产保护控制、会计控制、单据控制、信息内部公开等。

●题型分析

1. 单项选择题

【例】某企业财务部出纳人员小张一人保管该企业银行印鉴，违反了《会计法》规定的（　　）制度。

A．回避　　　　　　　B．稽核

C．牵制　　　　　　　D．内部控制

【答案】D

2．多项选择题

【例】根据内部控制制度的要求，下列各项中属于不相容职务的包括（　　）。

A．采购与采购审批

B．出纳工作与现金日记账的登记工作

C．授权批准与业务经办

D．会计记录与财产保管

【答案】ACD

3．判断题

【例】内部控制是指单位内部的管理控制系统。　　　　（　　）

【答案】×

（三）内部审计

1．内部审计的概念与内容

内部审计是指单位内部的一种独立客观的监督和评价活动。它通过单位内部独立的审计机构和审计人员审查和评价本部门、本单位财务收支和其他经营活动以及内部控制的适当性、合法性和有效性来促进单位目标的实现。

内部审计的内容是一个不断发展变化的范畴，主要包括：财务审计、经营审计、经济责任审计、管理审计和风险管理等。

2．内部审计的特点与作用

内部审计的审计机构和审计人员都设在本单位内部，审计的内容更侧重于经营过程是否有效、各项制度是否得到遵守与执行。审计结果的客观性和公正性较低，并且以建议性意见为主。

内部审计在单位内部会计监督制度中的重要作用有：

①预防保护作用；②服务促进作用；③评价鉴证作用。

●**题型分析**

1. 单项选择题

【例】对会计资料定期进行内部审计的办法和程序应当明确，这是单位内部会计监督制度中（　　　）的基本要求。

  A. 机构控制和职务控制

  B. 业务处理程序控制

  C. 财产安全控制和会计信息控制

  D. 内部审计控制

【答案】D

2. 判断题

【例】会计机构内部稽核制度与内部审计制度性质相似，都是会计机构内部的一种内部控制制度。   （　　　）

【答案】×

【考点 12】会计工作的政府监督

（一）会计工作政府监督的概念

会计工作的政府监督主要是指财政部门代表国家对单位和单位中相关人员的会计行为实施的监督检查，以及对发现的违法会计行为实施的行政处罚。会计工作的政府监督是一种外部监督。

财政部门是会计工作政府监督的实施主体。县级以上人民政府财政部门是各单位会计工作的监督检查部门，对本行政区域内各单位的会计工作行使监督权，对违法会计行为实施行政处罚。除财政部门外，审计、税务、人民银行、银行监管、证券监管、保险监管等部门依照有关法律、行政法规规定的职责和权限，可以对有关单位的会计资料实施监督检查。

财政部门实施会计监督检查的对象是会计行为，并对发现的有违法会计行为的单位和个人实施行政处罚。

●**题型分析**

1. 单项选择题

【例】（　　）是指财政部门代表国家对单位和单位中的相关人员的会计行为实施的监督检查，及对发现违法会计行为实施行政处罚，是一种外部监督。

  A. 群众监督　　　　　　　B. 社会监督

  C. 单位内部监督　　　　　D. 政府监督

【答案】D

2. 多项选择题

【例】根据《会计法》的规定，除财政部门外，依照有关法律、行政法规规定的职责，对有关单位的会计资料实施监督检查的部门有（　　）。

  A. 中国银行　　　　　　　B. 审计部门

  C. 证券监管部门　　　　　D. 税务部门

【答案】BCD

(二) 财政部门会计监督的主要内容

财政部门实施会计监督检查的内容主要包括：

(1) 对单位依法设置会计账簿的检查；

(2) 对单位会计资料真实性、完整性的检查；

(3) 对单位会计核算情况的检查；

(4) 对单位会计人员从业资格和任职资格的检查；

(5) 对会计师事务所出具的审计报告的程序和内容的检查。

●**题型分析**

1. 单项选择题

【例】根据《会计法》的规定，下列各项不属于财政部门监督内容的是（　　）。

  A. 各单位从事会计工作的人员是否取得了会计从业资格证书并接受管理

B. 会计机构负责人是否符合任职条件

C. 会计主管人员是否符合任职条件

D. 会计机构负责人的任免是否经过财政部审批

【答案】D

2. 多项选择题

【例】下列各项中，属于财政部门实施会计监督检查的内容有（　　）。

A. 从事会计工作的人员是否具备会计从业资格证书

B. 会计凭证、会计账簿、财务会计报告和其他会计资料是否真实、完整

C. 会计核算是否符合会计法和国家统一的会计制度的规定

D. 是否按照税法的规定按时足额纳税

【答案】ABC

【解析】是否按照税法的规定按时足额纳税属于税务部门监督检查内容。

3. 判断题

【例】财政部门实施会计监督检查的对象是各单位的经济活动。　　　　　　　　　　　　　　　　　　　（　　）

【答案】×

【解析】财政部门实施会计监督检查的对象是会计行为，并对发现的有违法会计行为的单位和个人实施行政处罚。

【考点 13】会计工作的社会监督

（一）会计工作社会监督的概念

会计工作的社会监督主要是指由注册会计师及其所在的会计师事务所依法对委托单位的经济活动进行审计、鉴证的一种外部监督。

此外，单位和个人检举违反《会计法》和国家统一的会计准则制度规定的行为，也属于会计工作社会监督的范畴。

会计工作的社会监督是对单位内部监督的再监督，其特征是监督行为的独立性和有偿性。

●**题型分析**

1. 多项选择题

【例】会计工作的社会监督的主体有（　　　）。

　　A. 注册会计师　　　　　B. 会计师事务所

　　C. 人民群众　　　　　　D. 单位职员

【答案】AB

【解析】会计工作的社会监督，主要是指由注册会计师及其所在的会计师事务所依法对委托单位的经济活动进行的审计、鉴证的一种监督制度。

2. 判断题

【例】单位和个人检举违反《会计法》和国家统一的会计制度的行为，属于会计工作社会监督的范畴。　　　　　　（　　　）

【答案】√

【解析】单位和个人检举违反《会计法》和国家统一的会计制度规定的行为，也属于会计工作社会监督的范畴。

（二）注册会计师审计与内部审计的关系

注册会计师审计与内部审计既有联系又有区别。二者的联系主要有：①都是现代审计体系的重要组成部分；②都关注内部控制的健全性和有效性；③注册会计师审计可能涉及对内部审计成果的利用等。

二者的区别主要有：①审计独立性不同；②审计方式不同；③审计的职责和作用不同；④接受审计的自愿程度不同。

	注册会计师审计	内部审计
独立性	完全独立于被审计单位相对独立性	内部审计机构受本部门、本单位直接领导
审计方式	受托审计，必须依照《注册会计师法》、执业准则、规则实施审计	具有较大灵活性，依照单位经营管理需要自行组织实施，对投资者、债权人及其他利益相关者负责
对外出具的审计报告	具有鉴证作用	只对本部门、本单位负责，只作为本部门、本单位改进经营管理的参考，不对外公开

●题型分析

多项选择题

【例】注册会计师审计与内部审计的区别主要有（　　）。

　　A. 两者审计的职责不同

　　B. 两者审计的方式不同

　　C. 两者审计的独立性不同

　　D. 两者审计的作用不同

【答案】ABCD

（三）注册会计师的业务范围

注册会计师执行业务，应当加入会计师事务所。注册会计师可以承办审计业务和会计咨询、会计服务业务。审计业务主要包括：

1. 审查企业财务会计报告，出具审计报告；

2. 验证企业资本，出具验资报告；

3. 办理企业合并、分立、清算事宜中的审计业务，出具有关报告；

4. 法律、行政法规规定的其他审计业务。

注册会计师承办业务，由其所在的会计师事务所统一受理并与委托人签订委托合同。会计师事务所对本所注册会计师承办的业务，承担民事责任。

●题型分析

1. 多项选择题

【例】下列表述中，符合《注册会计师法》规定的有（ ）。

    A. 注册会计师是依法取得注册会计师证书并接受委托从事审计和会计咨询、服务业务的执业人员

    B. 委托单位应当如实向注册会计师提供相关的会计资料

    C. 任何人不得干扰注册会计师独立开展审计业务

    D. 县级以上财政部门有权依法对注册会计师、会计师事务所和注册会计师协会进行监督指导

【答案】ABC

【解析】①为保证注册会计师依法独立执行审计业务，被审计单位应如实提供会计凭证、会计账簿、财务会计报告和其他会计资料以及有关情况。②任何单位或者个人不得以任何方式要求或者示意注册会计师及其所在的会计师事务所出具不实或者不当的审计报告。③国务院财政部门和省、自治区、直辖市人民政府财政部门，依法对注册会计师、会计师事务所和注册会计师协会进行监督、指导。

2. 判断题

【例】根据有关规定，注册会计师开展审计业务，有既定的规则和程序，出具的审计报告有法律效力，由会计师事务所承担法律责任。 （ ）

【答案】×

【解析】注册会计师开展审计业务，有既定的规则和程序，出具的审计报告有法律效力，其责任由注册会计师和其会计师事务所承担。

第五节 会计机构与会计人员

【考点 14】会计机构的设置

（一）办理会计事务的组织方式

各单位办理会计事务的组织方式有三种：

1. 单独设置会计机构；

2. 有关机构中配置专职会计人员；

3. 实行代理记账。

● 题型分析

1. 单项选择题

【例】《会计法》规定，各单位应依据（ ）设置会计机构，或者在有关机构中设置会计人员并指定会计主管人员。

    A. 单位营业收入   B. 会计人员数量

    C. 会计业务的需要   D. 单位的规模

【答案】C

【解析】各单位是否设置会计机构，应当根据会计业务的需要来决定，即各单位可以根据本单位会计业务的繁简情况决定是否设置会计机构。

2. 多项选择题

【例】根据《会计法》的规定，对于会计机构的设置提出了三个层次的原则规定，这三个层次的规定包括（ ）。

    A. 单独设置会计机构

    B. 必须单独设置会计机构

    C. 代理记账

    D. 不单独设置会计机构，在有关机构中设置会计人员并

指定会计主管人员

【答案】ACD

【解析】各单位办理会计事务的组织方式有三种：①单独设置会计机构；②有关机构中配置专职会计人员；③实行代理记账。

3. 判断题

【例】《会计法》规定各单位应当根据会计业务的需要，设置会计机构，或者在有关机构中设置会计人员并指定会计主管人员，但不具备设置会计机构或会计人员条件的单位应当委托经批准设立从事代理记账业务的中介机构代理记账。　　（　　）

【答案】√

（二）会计机构负责人的任职资格

担任单位会计机构负责人（会计主管人员）的，除取得会计从业资格证书外，还应当具备会计师以上专业技术职务资格或者从事会计工作 3 年以上经历。

●题型分析

1. 选择题

【例】根据《会计法》的规定，单位会计主管人员是指（　　）。

　　A. 总会计师

　　B. 会计机构负责人

　　C. 未设总会计师的单位分管会计工作的行政副职

　　D. 未单独设置会计机构而在有关机构中指定行使会计机构负责人职权

【答案】D

【解析】会计主管人员，是负责组织管理会计事务、行使会计机构负责人职权的负责人。

2. 判断题

【例】单位负责人的直系亲属不得担任本单位会计机构负

责人。 （　　）

【答案】√

【解析】根据《会计基础工作规范》规定，国家机关、国有企业、事业单位任用会计人员应当实行回避制度。单位负责人的直系亲属不得担任本单位的会计机构负责人、会计主管人员。

【考点 15】会计工作岗位设置

（一）会计工作岗位的概念

会计工作岗位是指单位会计机构内部根据业务分工而设置的从事会计工作、办理会计事项的具体职位。

（二）会计工作岗位设置的要求

会计工作岗位设置要求包括：

（1）按需设岗；

（2）符合内部牵制的要求；

（3）建立岗位责任制；

（4）建立轮岗制度。

●题型分析

1. 单项选择题

【例】张三是某国有企业的董事长，下列情形中合法的有（　　）。

    A. 张三的妻子在该企业担任会计机构负责人

    B. 张三的儿子在该企业担任会计机构负责人

    C. 张三的侄女在该企业担任会计机构负责人

    D. 张三的同学在该企业担任会计机构负责人

【答案】D

【解析】国家机关、国有企业、事业单位任用会计人员应当实行回避制度；单位负责人的直系亲属不得担任本单位的会计机构负责人、会计主管人员；会计机构负责人、会计主管人员的直系亲属不得在本单位会计机构中担任出纳工作。直系亲属包括夫妻关系、直系血亲关系（父母子女、祖父母、外祖父母和孙子女、外孙子女等）、三代以内旁系血亲（兄弟姐妹、叔侄等）以及近姻亲关系（岳父岳母和女婿，公婆和儿媳等）。

2. 多项选择题

【例】下列各项中，出纳人员不得兼任会计岗位的有（　　）。

    A. 收入账目登记　　　　B. 会计档案保管

    C. 费用账目登记　　　　D. 债权债务账目登记

【答案】ABCD

【解析】出纳人员不得兼任稽核、会计档案保管和收入、费用、债权债务账目的登记工作。

3. 判断题

【例】出纳人员可以兼管稽核、债权债务账目登记和会计档案保管工作。　　　　　　　　　　　　　　　（　　）

【答案】×

【解析】出纳人员不得兼任稽核、会计档案保管和收入、费用、债权债务账目的登记工作。

【考点 16】会计工作交接

（一）交接的范围

会计人员工作调动、离职或因病暂时不能工作，应与接管人员办理交接手续。

（二）交接程序

办理会计工作交接，应按以下程序进行：

1. 提出交接申请。

2. 办理移交手续前的准备工作。

（1）已经受理的经济业务尚未填制会计凭证的应当填制

完毕。

（2）尚未登记的账目应当登记完毕，结出余额，并在最后一笔余额后加盖经办人印章。

（3）整理好应该移交的各项资料，对未了事项和遗留问题要写出书面说明材料。

（4）编制移交清册，列明应该移交的会计凭证、会计账簿、财务会计报告、公章、现金、有价证券、支票簿、发票、文件、其他会计资料和物品等内容。

（5）实行会计电算化的单位，从事该项工作的移交人员应在移交清册上列明会计软件及密码、数据盘、磁带等内容。

（6）会计机构负责人（会计主管人员）移交时，应将财务会计工作、重大财务收支问题和会计人员等情况向接替人员介绍清楚。

3. 移交点收。

4. 专人负责监交。

（1）一般会计人员办理交接手续，由会计机构负责人（会计主管人员）监交。

（2）会计机构负责人（会计主管人员）办理交接手续，由单位负责人监交，必要时主管单位可以派人会同监交。

5. 交接后的有关事宜。

（1）会计工作交接完毕后，交接双方和监交人在移交清册上签名或盖章，并应在移交清册上注明：单位名称，交接日期，交接双方和监交人的职务、姓名，移交清册页数以及需要说明的问题和意见等。

（2）接管人员应继续使用移交前的账簿，不得擅自另立账簿，以保证会计记录前后衔接，内容完整。

（3）移交清册一般应填制一式三份，交接双方各执一份，存档一份。

●**题型分析**

1. 单项选择题

【例】根据《会计基础工作规范》的规定，会计机构负责人办理会计工作交接手续时，负责监交的人员应当是（　　）。

A. 一般会计人员　　　　　B. 主管会计工作负责人

C. 单位负责人　　　　　　D. 单位负责人指定的人员

【答案】C

【解析】会计机构负责人（会计主管人员）办理交接手续，由单位负责人监交，必要时主管单位可以派人会同监交。

2. 多项选择题

【例】会计人员交接前的准备工作包括（　　）。

A. 移交　　　　　　　　　B. 监交

C. 清理资料、公物　　　　D. 编制移交清册

【答案】CD

3. 判断题

【例】会计机构负责人办理会计交接手续时，应当由单位负责人监交，必要时主管单位可以派人监交。　　　　　　（　　）

【答案】√

【解析】会计机构负责人（会计主管人员）办理交接手续，由单位负责人监交，必要时主管单位可以派人会同监交。

（三）交接人员的责任

移交人员对其所移交的会计资料的真实性、完整性承担法律责任。

●**题型分析**

判断题

【例】移交人员办理完交接手续后，仍需对原工作期间经办的会计资料的真实性、完整性负责。　　　　　　　　（　　）

【答案】√

【解析】交接工作完成后，移交人员所移交的会计凭证、会计账簿、财务会计报告和其他会计资料是在其经办会计工作期间内发生的，应当对这些会计资料的真实性、完整性负责。

【考点17】会计从业资格

（一）会计从业资格的概念

会计从业资格是指进入会计职业、从事会计工作的一种法定资质。新《会计从业资格管理办法》2012年12月5日以财政部第73号令的形式予以公布，并自2013年7月1日起施行。

会计从业资格证书是具备会计从业资格的证明文件，在全国范围内有效。

（二）会计从业资格证书的适用范围

在国家机关、社会团体、企业、事业单位和其他组织中担任会计机构负责人（会计主管）的人员，以及从事下列会计工作的人员应当取得会计从业资格：①出纳；②稽核；③资本、基金核算；④收入、支出、债权债务核算；⑤职工薪酬、成本费用、财务成果核算；⑥财产物资的收发、增减核算；⑦总账；⑧财务会计报告编制；⑨会计机构内会计档案管理；⑩其他会计工作。

● 题型分析

1. 单项选择题

【例】按照有关规定，会计从业资格证书一经取得，在（　　）有效。

　　A. 全省范围内　　　　B. 本行业范围内
　　C. 全国范围内　　　　D. 财政系统内

【答案】C

【解析】会计从业资格证书是具备会计从业资格的证明文件，在全国范围内有效。

2. 判断题

【例】只要考取了注册会计师，就可以从事会计工作。

( )

【答案】×

（三）会计从业资格的取得

1. 会计从业资格的取得实行考试制度

会计从业资格实行无纸化考试，考试科目为：财经法规与会计职业道德、会计基础、会计电算化（或者珠算）。会计从业资格考试科目应当一次性通过。会计从业资格考试大纲由财政部统一制定并公布。

2. 会计从业资格报名条件

申请参加会计从业资格考试的人员，应当符合下列基本条件：①遵守会计和其他财经法律、法规；②具备良好的道德品质；③具备会计专业基本知识和技能。

因有提供虚假财务会计报告，做假账，隐匿或者故意销毁会计凭证、会计账簿、财务会计报告，贪污、挪用公款，职务侵占等与会计职务有关的违法行为被依法追究刑事责任的人员，不得取得或者重新取得会计从业资格证书；除前款规定的人员外，因违法违纪行为被吊销会计从业资格证书的人员，自被吊销从业资格证书之日起 5 年内，不得重新取得会计从业资格证书。

被追究刑事责任的会计人员终生不得再取得会计从业资格证书；而具有违法违纪行为的会计人员自被吊销从业资格证书之日起 5 年内，不得重新取得会计从业资格证书。

●题型分析

判断题

【例】因贪污、做假账等与会计职务有关的违法行为被依法追究刑事责任的人员，经劳动改造表现较好的，可取得或重新取得会计从业资格证书。

( )

【答案】×

【解析】被追究刑事责任的会计人员终生不得再取得会计从业资格证书。

（四）会计从业资格的管理

1. 会计从业资格的管理机构

县级以上地方人民政府财政部门负责本行政区域内的会计从业资格管理。中共中央直属机关事务管理局、国家机关事务管理局、中国人民解放军总后勤部、中国人民武装警察部队后勤部等中央主管单位和新疆生产建设兵团财务局等按各自权限负责本部门（本系统）的会计从业资格的管理。

2. 信息化管理制度

会计从业资格实行信息化管理。会计从业资格管理机构应当建立持证人员从业档案信息系统，及时记载、更新持证人员的有关信息。

3. 监督检查制度

会计从业资格管理机构应当对会计从业资格证书的持有、换发、调转、变更登记等情况及持证人员继续教育、遵守会计法律和职业道德等情况实施监督检查。

4. 持证人员继续教育制度

持证人员应当接受继续教育。持证人员参加继续教育采取学分制管理制度。

（1）会计人员继续教育的对象和特点：针对性；适应性；灵活性。

（2）会计人员继续教育的内容：

①会计理论与实务；

②财务、会计法规制度；

③会计职业道德规范；

④其他相关的知识与法规。

（3）会计人员继续教育的形式和学时要求：

会计人员继续教育的形式包括接受培训和自学两种。

会计人员应当接受继续教育，每年接受培训（面授）的时间累计不得少于 24 小时。

5. 变更登记制度

持证人员的基础信息及继续教育、表彰奖励等情况发生变化的，应到所属会计从业资格管理机构办理从业档案信息变更。

6. 调转登记制度

持证人员所属会计从业资格管理机构发生变化的，应当及时办理调转登记手续。持证人员调转工作单位，且继续从事会计工作的，应当按规定要求在 90 日内办理调转登记。

7. 定期换证制度

会计从业资格证书实行 6 年定期换证制度。持证人员应当在会计从业资格证书到期前 6 个月内，到所属会计从业资格管理机构办理换证手续。

8. 会计从业资格的撤销

有下列情形之一的，会计从业资格管理机构可以撤销持证人员的会计从业资格：

（1）会计从业资格管理机构工作人员滥用职权、玩忽职守，作出给予持证人员会计从业资格决定的；

（2）超越法定职权或者违反法定程序，作出给予持证人员会计从业资格决定的；

（3）对不具备会计从业资格的人员，作出给予会计从业资格决定的。持证人员以欺骗、贿赂、舞弊等不正当手段取得会计从业资格的，会计从业资格管理机构应当撤销其会计从业资格。

9. 会计从业资格的注销

持证人员死亡或者丧失行为能力以及会计从业资格被依法吊销的，会计从业资格管理机构应当注销其会计从业资格。

●**题型分析**

1. 单项选择题

【例】根据《会计从业资格管理办法》的规定，持有会计从业资格证书人员从事会计工作，应当自从事会计工作之日起一定期限内，向单位所在地或所属部门、系统的会计从业资格管理机构办理注册登记。该期限是（   ）。

A. 30 日   B. 60 日

C. 90 日   D. 120 日

【答案】C

【解析】持证人员从事会计工作，应当自从事会计工作之日起 90 日内，填写注册登记表，并持会计从业资格证书和所在单位出具的从事会计工作的证明，向单位所在地或所属部门、系统的会计从业资格管理机构办理注册登记。

2. 多项选择题

【例】根据《会计人员继续教育暂行规定》，下列各项中，属于会计人员继续教育内容的有（   ）。

A. 会计理论与实务   B. 其他相关的知识与法规

C. 财务会计法规制度   D. 会计职业道德规范

【答案】ABCD

【解析】会计人员继续教育的内容主要包括：会计理论、政策法规、业务知识、技能训练和职业道德等。

3. 判断题

【例】会计从业资格证书的管理包括上岗注册登记、离岗备案和调转登记。   （   ）

【答案】√

【考点 18】**会计专业技术资格与职务**

（一）会计专业技术资格

会计专业技术资格分为初级资格、中级资格和高级资格。初级、中级资格的取得实行全国统一考试制度。高级会计师资格的取得实行考试与评审相结合制度。

（二）会计专业职务

会计专业职务分为高级会计师、会计师、助理会计师、会计员。其中，高级会计师为高级职务，会计师为中级职务，助理会计师与会计员为初级职务。

会计专业职务	会计专业技术资格
助理会计师 会计员	初级资格
会计师	中级资格
高级会计师	高级资格

●题型分析

1. 单项选择题

【例】根据《会计专业职务试行条例》的规定，下列各项中，不属于会计专业职务的有（　　）。

    A. 总会计师　　　　　　　B. 高级会计师

    C. 会计师　　　　　　　　D. 助理会计师和会计员

【答案】A

【解析】会计专业技术资格分为初级资格、中级资格和高级资格（包括副高和正高）三个级别，分别对应助理会计师或会计员、会计师和高级会计师。

2. 多项选择题

【例】根据《会计专业职务试行条例》的规定，下列各项中，属于会计专业职务的有（　　）。

    A. 助理会计师　　　　　　B. 会计师

    C. 高级会计师　　　　　　D. 注册会计师

【答案】ABC

【解析】注册会计师不属于会计专业职务。

第六节　法律责任

【考点 19】法律责任概述

法律责任是指违反法律规定的行为应当承担的法律后果。《会计法》规定的法律责任主要有行政责任和刑事责任。

（一）行政责任

行政责任主要有行政处罚和行政处分两种方式。

1. 行政处罚的类别主要有：①罚款；②责令限期改正；③吊销会计从业资格证书等。

2. 行政处分的形式主要有：①警告；②记过；③记大过；④降级；⑤撤职；⑥开除。

● 题型分析

1. 单项选择题

【例】《会计法》适用的行政处罚有（　　）。

   A. 警告　　　　　　　　　B. 拘役

   C. 责令停产停业　　　　　D. 行政拘留

【答案】A

2. 多项选择题

【例】下列各项中，属于《会计法》规定的行政处罚形式的有（　　）。

   A. 行政拘留　　　　　　　B. 罚款

   C. 暂时停业整顿　　　　　D. 吊销会计从业资格证书

【答案】BD

【解析】行政责任具体种类包括责令限期改正、罚款、吊销会计从业资格证书、行政处分等。

（二）刑事责任

刑事责任包括主刑和附加刑两种。

主刑分为管制、拘役、有期徒刑、无期徒刑和死刑。

附加刑分为罚金、剥夺政治权利、没收财产。对犯罪的外国人，也可以独立或附加适用驱逐出境。

● 题型分析

1. 单项选择题

【例】行政责任和刑事责任的区别在于（　　）。

　　A. 追究刑事责任只能由行政机关来决定

　　B. 追究的违法行为不同

　　C. 追究行政责任由司法机关来决定

　　D. 行政责任比刑事责任严厉

【答案】B

2. 判断题

【例】会计人员如有侵占企业财产、私分国有资产和罚没财产行为的，应当按照会计法的有关规定给予处罚。（　　）

【答案】×

【解析】会计人员如有侵占企业财产、私分国有资产和罚没财产行为的，应当按照《刑法》的有关规定分别定罪、处罚。

【考点20】不依法设置会计账簿等会计违法行为的法律责任

1. 不依法设置会计账簿等会计违法行为

（1）不依法设置会计账簿的行为；

（2）私设会计账簿的行为；

（3）未按照规定填制、取得原始凭证或者原始凭证不符合规定的行为；

（4）以未经审核的会计凭证为依据登记会计账簿或者登记会计账簿不符合规定的行为；

（5）随意变更会计处理方法的行为；

（6）向不同的会计资料使用者提供的财务会计报告编制依据不一致的行为；

（7）未按照规定使用会计记录文字或者记账本位币的行为；

（8）未按照规定保管会计资料，致使会计资料损毁、灭失的行为；

（9）未按照规定建立并实施单位内部会计监督制度，或者拒绝依法实施的监督，或者不如实提供有关会计资料及有关情况的行为；

（10）任用会计人员不符合《会计法》规定的行为。

2. 不依法设置会计账簿等会计行为的法律责任

根据《会计法》的规定，上述违法行为应承担以下法律责任：

（1）责令限期改正。

（2）罚款。可以由县级以上人民政府财政部门对单位并处3 000元以上5万元以下的罚款；对其直接负责的主管人员和其他责任人员，可以处2 000元以上2万元以下的罚款。

（3）给予行政处分。属于国家工作人员的有上述行为的人员，还应当由其所在单位或者有关单位依法给予行政处分。

（4）吊销会计从业资格证书。会计人员有上述行为之一，情节严重的，由县级以上人民政府财政部门吊销会计从业资格证书。

（5）追究刑事责任。有上述行为之一并构成犯罪的，依法追究刑事责任。

● 题型分析

1. 单项选择题

【例】在采购办公用品过程中，办公室主任李某指使采购员张某伪造购物发票，多报销1 000元。对该行为，县级以上财政部门可以对李某进行的处罚是（　　　）。

  A. 通报，2 000 元以上 20 000 元以下的罚款

  B. 通报，3 000 元以上 30 000 元以下的罚款

  C. 通报，5 000 元以上 10 000 元以下的罚款

  D. 5 000 元以上 50 000 元以下的罚款

【答案】D

【解析】授意、指使会计人员及其他人员伪造、变造会计凭证的，对违法行为人处以 5 000 元以上 5 万元以下的罚款。

  2. 多项选择题

【例】根据《会计法》规定，下列行为中属于违法会计行为的有（　　　）。

  A. 未按照规定填制、取得原始凭证

  B. 以未经审核的会计凭证为依据登记会计账簿

  C. 向不同的会计资料使用者提供的财务会计报告编制依据不一致的行为

  D. 未按照规定保管会计资料，致使会计资料毁损、灭失的行为

【答案】ABCD

【解析】上述选项都属于违法会计行为。

【考点 21】其他会计违法行为的法律责任

  （一）伪造、变造会计凭证、会计账簿，编制虚假财务会计报告的法律责任

  伪造、变造会计凭证、会计账簿，编制虚假财务会计报告，构成犯罪的，依法追究刑事责任。

  1. 不构成犯罪的，由县级以上人民政府财政部门予以通报。

  2. 县级以上人民政府财政部门对违法行为视情节轻重，在予以通报的同时，可以对单位并处 5 000 元以上 10 万元以下的罚

款,对其直接负责的主管人员和其他直接责任人员,可以处3 000元以上5万元以下的罚款。

3. 属于国家工作人员的,还应由其所在单位或者有关单位依法给予撤职直至开除的行政处分;对上述所列违法行为直接负责的主管人员和其他直接责任人员中的国家工作人员,应当由其所在单位或者其上级单位或者行政监察部门给予撤职、留用察看直至开除的行政处分。

4. 对上述所列违法行为中的会计人员,由县级以上人民政府财政部门吊销会计从业资格证书。

(二)隐匿或者故意销毁依法应当保存的会计凭证、会计账簿、财务会计报告的法律责任

隐匿,是指故意转移、隐藏应当保存的会计凭证、会计账簿、财务会计报告的行为。销毁,是指故意将依法应当保存的会计凭证、会计账簿、财务会计报告予以毁灭的行为。

隐匿或者故意销毁依法应当保存的会计凭证、会计账簿、财务会计报告,构成犯罪的,依法追究刑事责任。

不构成犯罪的,由县级以上人民政府财政部门予以通报,可以对单位并处5 000元以上10万元以下的罚款;对其直接负责的主管人员和其他直接责任人员,可以处3 000元以上5万元以下的罚款;属于国家工作人员的,还应由其所在单位或者有关单位依法给予撤职直至开除的行政处分;会计人员,由县级以上人民政府财政部门吊销会计从业资格证书。

(三)授意、指使、强令会计机构、会计人员及其他人员伪造、变造会计凭证、会计账簿,编制虚假财务会计报告或者隐匿、故意销毁依法应当保存的会计凭证、会计账簿、财务会计报告的法律责任

授意、指使、强令会计机构、会计人员及其他人员伪造、变造会计凭证、会计账簿,编制虚假财务会计报告或者隐匿、故意

销毁依法应当保存的会计凭证、会计账簿、财务会计报告，构成犯罪的，依法追究刑事责任；不构成犯罪的，可以处五千元以上五万元以下的罚款；属于国家工作人员的，由所在单位或者有关单位依法给予降级、撤职、开除的行政处分。

（四）单位负责人对会计人员实行打击报复的法律责任

单位负责人对依法履行职责的会计人员实行打击报复，构成犯罪的，依法追究刑事责任；尚不构成犯罪的，由其所在单位或者有关单位依法给予行政处分。对受打击报复的会计人员，应当恢复其名誉和原有职务、级别。

违法行为		违反会计法规行为	伪造、变造会计凭证、会计账簿、编制虚假财务会计报告	隐匿或者故意销毁依法应当保存的会计资料	授意、指使、强令会计机构、会计人员伪造、变造、编制、隐匿、故意销毁会计资料
行政责任中的罚款金额	单位	3 000~5 万	5 000~10 万	5 000~10 万	
	直接责任人	2 000~2 万	3 000~5 万	3 000~5 万	5 000~5 万

●题型分析

案例分析题

【例】2013 年年末，盛润公司主管财务会计工作的副总经理王某召集财务部部长李某及相关人员开会，重点研究 2013 年财务决算的相关事宜，同时财务部汇报几项工作，让领导决定。以下是会议期间的部分发言：

王某：受金融危机的影响，公司今年的内销及外销均大幅度下滑，亏损已成定局。财务部正在编制 2013 年年报，希望李部长组织相关专业人员多想方法，尽量减少亏损，以完成上级年初下达的考核指标。李部长，你们现在有什么具体打算和措施？

李某：根据财务部的初步测算，今年的收入同比下降 21%，成本费用却上升 3%，要完成上级年初下达的减亏目标十分困难。

目前只能采取一些技术处理，考虑可以采取 3 项措施：①宝灵公司是与我们有长期协作关系的大客户，可以与其协商，年末先向宝零开销售发票 1 020 万元，明年再用退货名义冲回，公司估计能减亏 5%；②可以延长固定资产折旧年限，从而减少折旧费用，估计能减亏 2%；③我们的长期借款离到期还有很长时间，今年情况特殊，可以暂不计提利息，使财务费用减少 125 万元，减亏 1%。如果综合采取上述三项措施，预计可以实现今年的减亏目标。

王某：我看李部长的 3 项措施很有效，就按李部长的方案执行吧。另外，关于出纳员小王辞职的事以及销毁会计档案的事，也顺便定一下，李部长再介绍一下情况。

李某：出纳员小王前一段时间跳槽到一外资企业，时间紧迫，走的十分匆忙，没来得及办理交接，但我已经看过账了，没有问题，现在出纳工作已由小张接替，工作过渡十分平稳。

王某：好的，没有问题，让小张好好干。

李某：最近档案科提出，档案科库房越来越紧张，准备将 10 年前的原始凭证、记账凭证和明细账全部销毁，但总账、日记账和年度财务报告继续保管。10 年前的档案都是原领导班子留下的，继续保管已没有意义，我觉得应该销毁。

王某：就这么定吧，明天通知档案科，请他们立即销毁。

要求：根据上述资料，回答下列问题。

1. 盛润公司年末向宝灵公司开具发票来完成减亏任务的行为属于（　　）。

    A. 变造会计凭证　　　　B. 伪造会计凭证
    C. 私设会计账簿　　　　D. 隐匿会计账簿

【答案】B

【解析】所谓"伪造会计凭证、会计账簿及其他会计资料"，是指以虚假的经济业务事项为前提编造不真实的会计凭证、会计账簿和其他会计资料。

2. 下列说法中正确的有（　　　）。

    A. 盛润公司调整固定资产折旧年限的行为属于正常的会计政策变更

    B. 盛润公司调整固定资产折旧年限的行为属于随意变更会计方法

    C. 盛润公司不计提长期借款利息违反了权责发生制

    D. 盛润公司不计提长期借款利息符合《会计法》的要求

【答案】BC

3. 关于会计人员交接，下列说法中正确的有（　　　）。

    A. 小王与小张不用办理交接手续

    B. 小王与小张需要办理交接手续

    C. 小王与小张之间的交接应由副总经理王某监交

    D. 小王与小张之间的交接应由财务部长李某监交

【答案】BD

【解析】会计人员调动工作或者离职，必须与接管人员办清交接手续。一般会计人员办理交接手续，由会计机构负责人（会计主管人员）监交；会计机构负责人（会计主管人员）办理交接手续，由单位负责人监交，必要时主管单位可以派人会同监交。

4. 关于会计档案销毁，下列说法中正确的有（　　　）。

    A. 档案部门提出的销毁会计档案事项，符合《会计档案管理办法》规定

    B. 经副总经理王某批准后，档案科即可予以销毁会计档案

    C. 销毁会计档案应由档案科和财务部共同派员监销

    D. 总账和日记账应永久保管

【答案】C

【解析】对于保管期满的会计档案，需要销毁时，应由单位档案管理机构提出销毁意见，会同会计机构共同鉴定，严格审

查，编造销毁清册，报单位负责人批准后，由单位档案管理机构和会计机构共同派员监销。

5. 假定财政部门在会计信息质量检查中发现并追究相关人员责任，下列说法中错误的有（　　）。

  A. 法人代表（总经理）没有参加会议因而不承担任何责任

  B. 财务部长李某应承担全部责任

  C. 财政部门可以根据情节，吊销王某和李某的会计从业资格证书

  D. 参加销毁会计档案的人员均应负刑事责任

【答案】　ABCD

【解析】　①选项 AB：单位负责人对本单位的会计工作和会计资料的真实性、完整性负责；②选项 C：王某是主管财务工作的副总经理，不要求持有会计从业资格证书；③选项 D：隐匿或者故意销毁依法应当保存的会计凭证、会计账簿、财务会计报告，构成犯罪的，依法追究刑事责任，尚不构成犯罪的，由县级以上人民政府财政部门予以通报，可以对单位并处 5 000 元以上 10 万元以下的罚款；对其直接负责的主管人员和其他直接责任人员，可以处 3 000 元以上 5 万元以下的罚款；属于国家工作人员的，还应当由其所在单位或者有关单位依法给予撤职直至开除的行政处分；对其中的会计人员，并由县级以上人民政府财政部门吊销会计从业资格证书。

● 考点训练

一、单项选择题

1. 在我国的会计法律制度中，（　　）是制定其他会计法规

的依据，是最高层次的法律规范。

    A. 会计行政法规   B. 会计规范性文件

    C. 会计部门规章   D. 中华人民共和国会计法

2. 下列各项中，属于会计行政法规的是（   ）。

    A.《企业会计制度》   B.《会计基础工作规范》

    C.《总会计师条例》   D.《会计档案管理办法》

3. 会计行政法规的制定依据是（   ）。

    A.《总会计师条例》

    B.《企业会计准则（基本准则）》

    C.《会计法》

    D. 以财政部部长令形式发布的会计规章

4.. 根据《会计法》的规定，主管全国会计工作的部门是（   ）。

    A. 全国人大常务委员会 B. 中国会计学会

    C. 国务院财政部门   D. 中国注册会计师协会

5. 根据《会计法》的规定，会计准则制度及相关标准规范均由（   ）制定，其他部门或地方没有权力制定。

    A. 财政部   B. 人民银行

    C. 审计部门   D. 会计行业协会

6. 根据《会计法》的规定，应当对本单位财务会计报告真实性、完整性承担第一责任的是（   ）。

    A. 单位总会计师   B. 单位负责人

    C. 单位会计机构负责人 D. 单位内部审计机构负责人

7. 对记载不准确、不完整的原始凭证，会计人员应当（   ）。

    A. 拒绝接受，并报告领导，要求查明原因

    B. 应予以销毁，并报告领导，要求查明原因

    C. 予以退回，并要求经办人员按规定进行更正、补充

D. 拒绝接受，且不能让经办人员进行更正、补充

8. 填制原始凭证时，自制原始凭证必须有经办单位领导人或者其指定人员的（　　）。

　　A. 签名　　　　　　　　B. 签名或盖章

　　C. 盖章　　　　　　　　D. 签名和盖章

9. 单位内部使用的财务报表，其格式和要求由（　　）规定。

　　A. 财政部门　　　　　　B. 审计部门

　　C. 本单位　　　　　　　D. 注册会计师

10. 在某事业单位中，根据回避制度的规定，会计主管人员张某的直系亲属不得担任本单位的（　　）。

　　A. 会计机构负责人　　　B. 库管

　　C. 出纳　　　　　　　　D. 稽核

二、多项选择题

1. 我国目前的会计法律包括（　　）。

　　A. 会计法

　　B. 注册会计师法

　　C. 财政部门实施会计监督办法

　　D. 小企业会计制度

2. 下列属于会计部门规章的有（　　）。

　　A.《会计法》

　　B.《会计从业资格管理办法》

　　C.《金融企业会计制度》

　　D.《财政部门实施会计监督办法》

3. 下列各项中，属于我国会计工作行政管理职能的是（　　）。

　　A. 会计准则制度及相关标准规范的制定和组织实施

B. 会计市场管理

C. 会计专业人才评价

D. 会计监督检查

4. 单位负责人是单位对外提供财务会计报告的责任主体，必须保证对外提供的财务会计报告的（　　）。

A. 连续性　　　　　　　　B. 真实性

C. 全面性　　　　　　　　D. 完整性

5. 下列事项中，属于会计核算内容的有（　　）。

A. 款项和有价证券的收付

B. 财务的收发、增减和使用

C. 债权债务的发生和结算

D. 财务成果的计算和处理

6. 会计机构、会计人员在审核原始凭证时，对不真实、不合法的原始凭证应当（　　）。

A. 有权不予受理

B. 向单位负责人报告

C. 请求查明原因，追究有关当事人的责任

D. 予以退回，要求更正、补充

7. 下列会计档案，不得销毁的有（　　）。

A. 保管期满但未结清债权债务的原始凭证

B. 超过保管期限但尚未报废的固定资产购买凭证

C. 正在建设期间的建设单位保管期满的会计档案

D. 会计档案保管清册

8. 按照《会计法》的规定，记账人员与经济业务事项和会计事项的（　　）的职责权限应当明确，并相互分离、相互制约。

A. 审批人员　　　　　　　B. 经办人员

C. 财物保管人员　　　　　D. 稽核人员

9. 根据《会计法》的规定，财政部门可以依法对各单位实施监督的情况包括（　　）。

  A. 监督各单位的会计凭证、会计账簿、财务会计报告和其他会计资料是否真实、完整

  B. 监督各单位是否依法设置会计账簿

  C. 监督各单位从事会计工作的人员是否具备会计从业资格

  D. 监督各单位的会计核算是否符合《会计法》和国家统一的会计制度的规定

10. 会计工作岗位可以（　　）。

  A. 一人一岗　　 B. 一人多岗

  C. 一岗多人　　 D. 多岗多人

三、判断题

1. 国务院发布的《财务会计报告条例》的法律地位低于全国人大常委会通过的《会计法》。（　　）

2. 《注册会计师全国统一考试违规行为处理办法》是由财政部制定的部门规章。（　　）

3. 单位负责人是单位会计责任主体，这就是说如果一个单位会计工作中出现违法违纪行为，单位负责人应当承担全部责任。（　　）

4. 对记载不准确，不完整的原始凭证，会计人员必须按照国家统一的会计制度的规定给予更正、补充。（　　）

5. 《会计法》规定所有单位都必须设置会计账簿。（　　）

6. 各种会计账簿应按页次顺序连续登记，不得跳行、隔页。（　　）

7. 会计工作的国家监督是一种内部监督。（　　）

8. 在一个单位内部，不论是否设置会计机构或者在有关机构

中设置会计人员，总要有一位负责人。　　　　　　（　　）

9. 所有的企业和事业单位任用会计人员都应当实行回避制度。

（　　）

10. 单位中设置了总会计师的，还可以再设置与总会计师职责类似的副总会计师，以辅助其工作。　　　　　（　　）

四、案例分析题

某公司 2012 年度发生了下列事项：

（1）3 月，刚刚取得会计从业资格证书的李某，被公司从行政部门调任财务处任出纳员，原出纳员张某调任销售处工作。李某与张某在办理工作交接时，因会计主管王某出差，由公司临时指定财务处一名会计负责监交工作。交接中，李某发现存在"白条顶库"的行为，立即电话向王某汇报，王某指示他先办理完交接手续，再对"白条顶库"问题逐个查清处理。随后，李某、张某及监交人员在移交清册上签字盖章。

（2）4 月，李某在办理报销工作时，发现采购部门送来报销的 3 张由供货方开具的发票有更改现象，其中 2 张发票分别被更改了数量和用途，另外 1 张发票被更改了金额；3 张发票的更改处均盖有供货方的业务印章。尽管有些犹豫，考虑到这 3 张发票已获得经理、财务主管的签字同意，最后均予以报销。

（3）12 月，公司在进行内部审计时，发现原出纳张某经办的一些账目存在问题，而接替者李某在交接时并未发现。审计人员在了解情况时，张某认为既然已经办理完了移交手续，自己不应再承担任何责任。

1. 李某与张某办理会计工作交接的手续时，下列说法错误的是（　　）。

A. 应该由会计机构负责人（会计主管人员）负责监交

B. 该企业指定一名会计监交也是可以的，只要有签字就行

C. 李某发现存在"白条顶库"的问题，应由李某上岗后查清处理

D. 李某发现存在"白条顶库"的问题，应由张某负责查清处理

2. 针对事项（2）中李某对存在疑问的 3 张发票予以报销的做法，下列说法正确的是（   ）。

A. 李某对这 3 张发票予以报销的做法符合规定

B. 李某对这 3 张发票予以报销的做法不符合规定

C. 李某应对发票的合法性、真实性和有效性进行全面审核

D. 李某有权对不符合规定的发票拒收，不予报销

3. 事项(3)中张某的解释理由，下列说法正确的是（   ）。

A. 张某已经办理交接手续，且接替者在交接时并未发现，故此可以理解

B. 张某应该对工作期间的资料问题承担法律责任

C. 移交人员对移交的会计资料的合法性、真实性、完整性承担法律责任

D. 会计资料移交后，发现的一切问题由接管人员负责

4. 关于办理会计工作交接，下列说法正确的是（   ）。

A. 一般会计工作人员办理交接手续，由会计机构负责人（会计主管人员）监交

B. 如果所属单位负责人与办理交接手续的会计机构负责人有矛盾，交接时需主管单位派人会同监交

C. 接管人员应继续使用移交前的账簿，不得擅自另立账簿

D. 移交清册一般应填制一式两份，交接双方各执一份

5. 下列关于原始凭证说法正确的是（   ）。

A. 原始凭证上的金额，是反映经济业务事项情况的最重要的数据

B. 原始凭证金额错误的，如随意更改，容易导致舞弊，不利于确保原始凭证的质量

C. 原始凭证金额错误的，只能由原出具单位重新开具

D. 原始凭证开具单位对于填制有误的原始凭证负有更正和重新开具的义务，不得拒绝

● 参考答案

一、单项选择题

1	2	3	4	5	6	7	8	9	10
D	C	C	C	A	B	C	B	C	C

二、多项选择题

1	2	3	4	5	6	7	8	9	10
AB	BD	ABCD	BD	ABCD	ABC	ABCD	ABC	ABCD	ABC

三、判断题

1	2	3	4	5	6	7	8	9	10
√	√	×	×	×	√	×	√	×	×

四、案例分析题

1	2	3	4	5
BC	BCD	BC	ABC	ABCD

第二章　结算法律制度

● 考点概览

第二章 结算法律制度	基本概念	理论问题	计算问题	业务处理问题
第一节 现金结算	现金结算	现金结算的特征；现金结算的渠道、范围	现金使用的限额	
第二节 支付结算概述	支付结算	支付结算的特征、主要法律依据、基本原则		办理支付结算的要求
第三节 银行结算账户	银行结算账户：基本存款账户；一般存款账户；专用存款账户；临时存款账户	银行结算账户分类、管理的基本原则		银行结算账户的开立、变更和撤销；违反银行账户管理法律制度的法律责任
第四节 票据结算方式	票据行为、票据当事人；支票；商业汇票；银行汇票；银行本票；背书	票据的种类、特征、功能；支票的种类、出票、付款、办理要求；商业汇票的种类、出票、承兑、汇款、背书和保证；银行汇票的适用范围、记载事项、申办程序和兑付规定；银行本票的适用范围、记载事项和提示付款期限	签发空头支票的罚款	票据权利与责任

表(续)

第二章 结算法律制度	基本概念	理论问题	计算问题	业务处理问题
第五节 银行卡	不同种类的银行卡	银行卡账户管理与交易的基本规定	银行卡的计息和收费	银行卡申领、注销和挂失
第六节 其他结算方式	汇兑；委托收款；托收承付；国内信用证	汇兑的分类和办理程序；委托收款的记载事项和结算规定；托收承付的结算规定和办理办法；国内信用证的结算方式和办理基本程序		

● 考点分析

第一节　现金结算

【考点1】现金结算的重要性

1. 现金是流动性最强的资产，各单位必须加强对现金的管理。在现金结算中，必须明确现金结算的范围和现金使用的限额。

2. 为改善现金管理，促进商品生产和流通，加强对社会经济活动的监督，国务院于1988年9月8日发布了《现金管理暂行条例》，中国人民银行于1988年9月12日发布了《现金管理暂行条例实施细则》。

3. 凡在银行和其他金融机构（以下简称开户银行）开立账户的机关、团体、部队、企业、事业单位和其他单位（以下简称开户单位），必须依照《现金管理暂行条例》和《现金管理暂行条例实施细则》的规定收支和使用现金，接受开户银行的监督。

【考点2】现金结算的概念与特点

（一）现金结算的概念

现金结算是指在商品交易、劳务供应等经济往来中，直接使用现金进行应收应付款结算的一种行为。在我国主要适用于单位与个人之间的款项收付，以及单位之间的转账结算起点金额以下的零星小额收付。

现金结算是相对于转账结算而言的一个概念。由于现金管理的风险较大，国家鼓励开户单位和个人在经济活动中，采取转账方式进行结算，减少现金的使用。因此，开户单位之间的经济往来除法律规定的范围的业务可以使用现金结算外，其他业务均应采用转账结算的方式。

（二）现金结算的特点

在开户单位的经济往来中，现金结算具有以下四个特点：

1. 直接便利。在现金结算方式下，买卖双方一手交钱一手交货，当面钱货两清，无需通过中介，是最为直接便利的交易方式，因此被社会大众所接收。

2. 不安全性。由于现金使用极为广泛和便利，因而便成为不法分子觊觎的最主要目标，很容易被偷盗、贪污、挪用。在现实的经济生活中，绝大多数的经济犯罪活动都和现金有关。此外，现金还容易因意外发生损失，如火灾、虫蛀、鼠咬等。

3. 不易宏观控制和管理。由于现金结算大部分不通过银行进行，因而使国家很难对其进行控制。过多的现金结算会使流通中的现钞过多，从而容易造成通货膨胀，增大对物价的压力。

4. 费用较高。开户单位使用现金结算虽然可以减少银行的手续费，但其清点、运送、保管的费用很大。对于整个国家来说，过多的现金结算会增大整个国家印制、保管、运送现金和回收废旧现钞等工作的费用，浪费人力、物力和财力。因此国家实行现金管理，限制现金结算的范围。

【考点3】现金结算的渠道

开户单位的现金结算渠道有两种：

1. 付款人直接将现金支付给收款人；

2. 付款人委托银行、非银行金融机构或者非金融机构将现金支付给收款人。

通过以上两种方式进行的现金结算，均应当按照国家现金管理规定，在现金结算范围内审查支付。

【考点4】现金结算的范围

（一）开户单位现金使用范围

1. 职工工资、津贴；

2. 个人劳务报酬；

3. 根据国家规定颁发给个人的科学技术、文化艺术、体育等各种奖金；

4. 各种劳保、福利费用以及国家规定的对个人的其他支出；

5. 向个人收购农副产品和其他物资的价款；

6. 出差人员必须随身携带的差旅费；

7. 结算起点以下的零星支出；

8. 中国人民银行确定需要支付现金的其他支出。

（二）现金结算起点

1. 上述款项结算起点为 1 000 元。

2. 结算起点的调整，由中国人民银行确定，报国务院备案。

除上述第5、6项外，开户单位支付给个人的款项，支付现金每人一次不得超过 1 000 元，超过使用现金限额的部分，应当以支票或者银行本票支付；确需全额支付现金的，经开户银行审核后，予以支付现金。

●**题型分析**

1. 单项选择题

【例】下列不可使用现金的事项有（   ）。

    A. 职工工资、报酬

    B. 个人劳务报酬

    C. 给付给建设单位大额劳务报酬

    D. 出差人员随身携带的差旅费

【答案】C

【解析】除按条例规定的范围可以使用现金外，其他款项的支付应当通过开户银行进行转账结算。给付给建设单位大额劳务报酬不属于现金使用范围，应使用转账结算。

2. 多项选择题

【例】下列事项中，符合国家现金使用范围的有（   ）。

    A. 发给公司职工甲某的 800 元奖金

    B. 支付给公司临时工王某 900 元的劳务报酬

    C. 向农民工收购农产品的 1 万元收购款

    D. 出差人员必须随身携带的 2 000 元差旅费

【答案】ABCD

【解析】除向个人收购农副产品和其他物资支付的价款和出差人员随身携带的差旅费外，其他超过结算起点 1 000 元以上的款项一般应以支票或本票支付。A、B 两项属于现金使用范围且未超过 1 000 元，C、D 两项属于现金使用范围并且不受结算起点的限制。

3. 判断题

【例】结算起点的调整，由开户银行确定，报中国人民银行备案。   （   ）

【答案】×

【解析】结算起点的调整，由中国人民银行确定，报国务院备案。

【考点5】现金使用的限额

开户单位为保证日常零星开支需要而留存的现金的最高限额，一般为单位3~5天的日常零星开支。边远地区和交通不便地区，可留存多于5天，但不得超过15天的日常零星开支。这一限额由开户行根据单位的实际需要核定。经核定的库存现金限额，开户单位必须严格遵守。需要增加或者减少库存现金限额的，应当向开户银行提出申请，由开户银行核定。

一个单位在几家银行开户的，由一家开户银行负责现金管理工作，核定开户单位库存现金限额。

对没有在银行单独开立账户的附属单位也要实行现金管理，必须保留的现金，也要核定限额，其限额包括在开户单位的库存限额之内。

商业和服务行业的找零备用现金也要根据营业额核定定额，但不包括在客户单位的库存现金限额之内。

●题型分析

1. 单项选择题

【例】下列有关现金使用限额的说法中正确的是（   ）。

　　A. 现金使用限额由中国人民银行核定

　　B. 现金使用限额一般按照单位3~5天日常零星开支所需确定

　　C. 边远地区和交通不便地区的库存现金限额可按超过5天但不得超过30天的零星开支的需要确定

　　D. 需要增加或者减少库存现金限额的，由中国人民银行核定

【答案】B

【解析】现金使用限额由开户行根据单位的实际需要核定，一般为单位3~5天日常零星开支。边远地区和交通不便地区的开户单位库存现金限额，可按多于5天，但不超过15天的日常零星开支的需要确定，需要增加或者减少库存现金的，应当向开户银行提出申请，由开户银行核定。

2.多项选择题

【例】下列各项关于现金使用限额的说法正确的有（　　　）

A.开户单位现金使用限额一般按照单位3~5天日常零星开支所需确定。

B.边远地区和交通不便地区的开户单位的库存现金限额，可按多于5天，但不超过15天的日常零星开支的需要确定

C.库存现金的目的是为了保证开户单位日常零星开支的需要

D.商业和服务行业的找零备用现金是根据营业额核定定额，包括在开户单位库存现金限额之内。

【答案】ABC

【解析】商业和服务行业的找零备用现金也要根据营业额核定定额，但不包括在客户单位的库存现金限额之内。

3.判断题

【例】对没有在银行单独开立账户的附属单位无法实行现金管理。　　　　　　　　　　　　　　　　　　　　（　　）

【答案】×

【解析】对没有在银行单独开立账户的附属单位也要实行现金管理。

第二节　支付结算概述

【考点6】支付结算的概念与特征

（一）支付结算的概念

支付结算是指单位、个人在社会经济活动中使用票据、信用卡和汇兑、托收承付、委托收款等结算方式进行货币给付及其资金清算的行为。

银行、城市信用合作社、农村信用合作社（以下简称银行）以及单位（含个体工商户）和个人是办理支付结算的主体。其中，银行是支付结算和资金清算的中介机构。

（二）支付结算的特征

1. 支付结算必须通过中国人民银行批准的金融机构进行

支付结算包括票据、信用卡和汇兑、托收承付、委托收款、电子支付等结算行为，而该结算行为必须通过中国人民银行批准的金融机构或其他机构才能进行。

银行是支付结算和资金清算的中介机构。未经中国人民银行批准的非银行金融机构和其他单位不得作为中介机构经营支付结算业务。

2. 支付结算的发生取决于委托人的意志

银行在支付结算中心充当中介机构的角色，因此，银行还要以善意且符合规定的正常操作程序进行审查，对伪造、变造的票据和结算凭证上的签章以及需要交验的个人有效身份证件未发现异常而支付金额的，对出票人或付款人不再承担委托付款的责任，对持票人或收款人不再承担付款的责任。

当事人对在银行的存款有自己的支配权；银行对单位、个人在银行开立存款账户的存款，除国家法律、行政法规另有规定外，银行不得为任何单位或者个人查询账户情况，除国家法律另有规定外，银行不得为任何单位或个人冻结、扣款，不得停止单位、个人存款的正常支付。

3. 实行统一管理，分级管理

中国人民银行总行负责制定统一的支付结算制度，组织、协调、管理、监督全国的支付结算工作，调节、处理银行直接的支付结算纠纷。

中国人民银行省、自治区、直辖市分行根据统一的支付结算制度制定实施细则，报总行备案，根据需要可以制定单项支付结算办法，报中国人民银行总行批准后执行；中国人民银行分、支行负责组织、协调、管理、监督本辖区的支付结算工作，协调、处理本辖区银行之间的支付结算纠纷。

充当中介机构的银行，具体指政策性银行、商业银行总行，可以根据统一的支付结算制度，结合本行情况，制定具体管理实施办法，报经中国人民银行批准后执行。政策性银行、商业银行负责组织、管理、协调本行内的支付结算工作，调解、处理本行内分支行机构之间的支付结算纠纷。

4. 支付结算是一种要式行为

所谓要式行为是指法律规定必须依照一定形式进行的行为。如果该行为不符合法定的形式要件，即为无效。

票据和结算凭证是办理支付结算的工具。单位和个人办理支付结算，必须使用按中国人民银行统一规定印制的票据凭证和统一规定的结算凭证。未使用按中国人民银行统一规定印制的票据，票据无效；未使用中国人民银行统一规定格式的结算凭证，银行不予受理。

5. 支付结算必须依法进行

银行、城市信用合作社、农村信用合作社（以下简称银行）以及单位和个人（含个体工商户），办理支付结算必须遵守国家法律、行政法规和支付结算办法的各项规定，不得损害社会公共利益。因此，支付结算的当事人必须严格依法进行支付结算活动。

●题型分析

1. 单项选择题

【例】根据支付结算办法的规定，下列各项中，一般不可作为支付结算和资金清算的中介机构的是（　　）。

    A. 城市信用合作社   B. 农村信用合作社

    C. 保险公司   D. 银行

【答案】C

【解析】银行是支付结算和资金清算的中介机构。银行、农村信用合作社、城市信用合作社均为银行的范畴。而保险公司为非银行金融机构，未经中国人民银行批准，其不能作为中介机构经营支付结算业务。

2. 多项选择题

【例】下列各项中，可以根据统一的支付结算制度，结合本行情况，制定具体管理实施办法，报经中国人民银行总行批准后执行的机构有（　　）

    A. 政策性银行总行   B. 政策性银行分行

    C. 商业银行分行   D. 商业银行总行

【答案】AB

【解析】根据《支付结算办法》，政策性银行、商业银行总行，可以根据统一的支付结算制度，结合本行情况，制定具体管理实施办法，报经中国人民银行批准后执行。

3. 判断题

【例】所谓要式行为实质是指法律规定必须依照一定形式进行的行为。　　　　　　　　　　　　　　　　（　　）

【答案】√

【解析】要式行为如果不符合法定的形式要件，即为无效。

【考点7】支付结算的主要法律依据

凡是与支付结算的各种结算方式有关的法律、行政法规以及部门规章和地方性规定都是支付结算的法律依据。主要包括：

1.《中华人民共和国票据法》，1996年1月1日起施行；

2.《票据管理实施办法》，1997年10月1日起施行；

3.《支付结算办法》，1997年12月1日起施行；

4.《银行卡业务管理办法》，1993年3月1日起施行；

5.《人民币银行账户管理办法》，2003年9月1日起施行；

6.《异地托收承付结算办法》，1994年10月9日修订，1995年1月1日起施行；

7.《电子支付指引（第一号）》2005年10月26日公布实施。

●题型分析

1. 单项选择题

【例】（   ）颁布的有关支付结算的政策性文件亦是当事人进行支付结算活动必须遵守的规定。

A. 财政部　　　　　　　B. 中国人民银行

C. 国务院　　　　　　　D. 银监会

【答案】B

【解析】除与支付结算的各种结算方式相关的法律、行政法规、部门规章和地方性规定外，中国人民银行颁布的有关支付结算的政策性文件亦是当事人进行支付结算活动必须遵守的规定。

2. 多项选择题

【例】下列各项中，属于我国支付结算的法律依据有（   ）。

A.《票据法》　　　　　　B.《总会计师条例》

C.《支付结算办法》　　D.《人民币银行账户管理办法》

【答案】ACD

【解析】《总会计师条例》属于我国会计法律制度的范畴。

3. 判断题

【例】凡是与支付结算的各种结算方式有关的法律、行政法规以及部门规章和地方性规定都是支付结算的法律依据。（　　）

【答案】√

【考点8】支付结算的基本原则

1. 恪守信用，履约付款

这一原则是民法通则中"诚实信用"原则在支付结算中的具体表现，是保障当事人经济利益、维护社会经济秩序的重要保证。结算当事人应当依照共同约定的民事法律关系内容享受权利和承担义务，严格遵守信用，依约如期足额履行付款义务。

2. 谁的钱进谁的账，由谁支配

这一原则主要在于维护存款人对存款资金的所有权和控制权，保证其对资金的自主支配。对存款人的资金，除国家法律法规另有规定外，必须由其自主支配，银行无权在未经存款人授权或委托的情况下，擅自动用存款人在银行账户的资金。

3. 银行不垫款

这一原则有利于保护银行资金的所有权和控制权，也有利于促使单位和个人以自己所有或经营管理的财产直接对自己的债务承担责任，从而保证银行资金的安全。银行必须将存款人资金与银行自有资金严格区分开来，不可混淆。

●题型分析

1. 单项选择题

【例】"恪守信用、履约付款"原则是针对（　　）所提出的要求。

A. 结算当事人　　　　　B. 支付结算中的中介机构

C. 收款人　　　　　　　D. 银行

【答案】A

【解析】该原则是支付结算办法对于结算当事人的要求。

2. 多项选择题

【例】支付结算的基本原则是（　　　）。

A. 恪守信用，履约付款

B. 谁的钱进谁的账，由谁支配

C. 支付结算必须依法进行

D. 银行不垫款

【答案】ABD

【解析】单位、个人和银行办理支付结算必须遵守下列原则：恪守信用、履约付款；谁的钱进谁的账，由谁支配；银行不垫款。

3. 判断题

【例】"谁的钱进谁的账，由谁支配"这一原则有利于保护银行资金的所有权或经营权。　　　　　　　　　　　（　　）

【答案】×

【解析】这一原则主要在于维护存款人对存款资金的所有权和控制权。

【考点9】办理支付结算的要求

（一）办理支付结算的基本要求

1. 办理支付结算必须使用中国人民银行统一规定的票据和结算凭证。

票据和结算凭证是办理支付结算的工具。未使用中国人民银行统一规定的票据，票据无效；未使用中国人民银行统一规定的结算凭证，银行不予受理。

2. 办理支付结算必须按统一的规定开立和使用账户。

单位、个人和银行应当按照《人民币银行结算账户管理办法》的规定开立、使用账户。在银行开立存款账户的单位和个人办理支付结算，账户内需有足够的资金保证支付。银行依法为单位、个人在银行开立的存款账户中的存款保密，维护其资金的自主支配权。

3. 填写票据和结算凭证应当全面规范，做到数字正确，要素齐全，不错不漏，字迹清楚，防止涂改。票据和结算凭证金额以中文大写和阿拉伯数码同时记载，二者必须一致，否则，银行不予受理。

4. 票据和结算凭证上的签章和记载事项必须真实，不得变造、伪造。

（1）票据和结算凭证上的签章，为签名、盖章或者签名加盖章。单位、银行在票据上的签章和单位在结算凭证上的签章为该单位、银行的盖章加其法定代表人或其授权的代理人的签名或盖章。个人在票据和结算凭证上的签章，为个人本名的签名或盖章。

（2）"伪造"是指无权限人假冒他人或虚构人名签章的行为；"变造"是指无权更改票据内容的人对票据上签章以外的记载事项加以改变的行为。伪造、变造票据属于欺诈行为，应追究其刑事责任。

（3）票据上有伪造、变造签章的，不影响票据上其他当事人真实签章的效力。

（二）支付结算凭证填写的要求

银行、单位和个人填写的各种票据和结算凭证是办理支付结算和现金收付的重要依据，直接关系到支付结算的准确、及时和安全。票据和结算凭证是银行、单位和个人凭以记载账务的会计凭证，是记载经济业务和明确经济责任的一种书面证明。因此，填写票据和结算凭证，必须做到标准化、规范化、要素齐全、数字准确、字迹清晰、不错漏、不潦草、防止涂改。

1. 填写出票日期的要求

（1）票据的出票日期必须使用中文大写。出票日期使用小写填写的，银行不予受理。大写日期未按要求规范填写的，银行可予受理，但由此造成的损失的，由出票人自行承担。

（2）为防止变造票据的出票日期，在填写月、日时，月为壹、贰和壹拾的，日为壹至玖和壹拾、贰拾和叁拾的，应在其前加"零"；日为拾壹至拾玖的，应在其前加"壹"。如 1 月 15 日，应写为零壹月壹拾伍日；10 月 20 日，应写为零壹拾月零贰拾日。

2. 填写金额的要求

票据和结算凭证金额以中文大写和阿拉伯数字同时记载，二者必须一致，二者不一致的票据无效；二者不一致的结算凭证，银行不予受理。

（1）中文大写金额数字应当用正楷或行书填写，不得自造简化字。如果金额数字书写中使用繁体字，也应受理。

中文大写是指：壹、贰、叁、肆、伍、陆、柒、捌、玖、拾、佰、仟、万、亿、元、角、分、零、整（或"正"），而不是"一、二、三……"。

（2）中文大写金额数字前应标明"人民币"字样，大写金额数字应紧接"人民币"字样填写，不得留有空白。未印"人民币"字样的，应加填"人民币"三字。在票据和结算凭证大写金额栏内不得预印固定的"仟、佰、拾、万、仟、佰、拾、元、角、分"字样。

（3）中文大写金额数字到"元"为止的，在"元"之后应写"整"（或"正"）字；到"角"为止的，在"角"之后可以不写"整"（或"正"）字；大写金额数字有"分"的，"分"后面不写"整"（或"正"）字。

（4）阿拉伯小写金额数字前面，均应填写人民币符号"￥"。阿拉伯小写金额数字要认真填写，不得连写分辨不清。

（5）阿拉伯小写金额数字中有"0"的，中文大写应按照汉语语言规律、金额数字构成和防涂改的要求进行书写。

3. 票据和结算凭证的更改

（1）票据和结算凭证上的金额、出票或签发日期、收款人名称不得更改，更改的票据无效；更改的结算凭证，银行不予受理。

（2）对票据和结算凭证上的其他记载事项，原记载人可以更改，更改时应当由原记载人在更改处签章证明。

●题型分析

1. 单项选择题

【例】下列关于票据上出票日期的中文大写中，正确的是（ ）

　　A. 拾壹月壹日　　　　　　B. 零叁月贰拾玖日

　　C. 零壹月拾壹日　　　　　D. 零壹拾月零贰拾日

【答案】D

【解析】11 月 1 日应写为拾壹月零壹日；3 月 29 日应写为叁月贰拾玖日；1 月 11 日应写为零壹月壹拾壹日。

2. 多项选择题

【例】填写票据和结算凭证，必须做到（   ）。

　　A. 标准化、规范化

　　B. 要素齐全、数字准确

　　C. 字迹清晰、不错漏、不潦草

　　D. 不允许更改

【答案】ABC

【解析】填写票据和结算凭证，必须做到标准化、规范化、要素齐全、数字准确、字迹清晰、不错漏、不潦草、防止涂改。

对票据和结算凭证上的除金额、出票或签发日期、收款人名称外的其他记载事项，原记载人可以更改，更改时应当由原记载人在更改处签章证明。

3. 判断题

【例】对金额、签发日期、收款人名称进行更改的票据，其更改部分无效。　　　　　　　　　　　　　　　　（　　）

【答案】×

【解析】票据和结算凭证上的金额、出票或签发日期、收款人名称不得更改，更改的票据无效；更改的结算凭证，银行不予受理。

第三节　银行结算账户

【考点 10】银行结算账户的概念与分类

（一）银行结算账户的概念

银行结算账户是指存款人在经办银行开立的办理资金收付结算的人民币活期存款账户。

"银行"是指中国境内经中国人民银行批准经营支付结算业务的政策性银行、商业银行（含外资独资银行、中外合资银行、外国银行分行）、城市信用合作社、农村信用合作社等金融机构。"存款人"是指在中国境内开立银行结算账户的机关、团体、部队、企业、事业单位、其他组织（以下统称单位）、个体工商户和自然人。

●题型分析

1. 单项选择题

【例】人民币银行结算账户是指银行为存款人开立的办理资金收付结算的（　　）账户。

A. 人民币定期存款　　　　B. 人民币活期存款

C. 定期存款　　　　　　　D. 活期存款

【答案】B

【解析】人民币银行结算账户是指银行为存款人开立的办理资金收付结算的人民币活期存款账户。

2. 多项选择题

【例】下列各项属于《人民币银行结算账户管理办法》所称的"银行"的有（　　）

A. 政策性银行　　　　　B. 商业银行

C. 城市信用合作社　　　D. 农村信用合作社

【答案】ABCD

【解析】"银行"是指中国境内经中国人民银行批准经营支付结算业务的政策性银行、商业银行（含外资独资银行、中外合资银行、外国银行分行）、城市信用合作社、农村信用合作社等金融机构。

3. 判断题

【例】凡是在中国境内开立银行结算账户的单位、个体工商户和自然人均为存款人。　　　　　　　　　　　　　（　　）

【答案】√

【解析】"存款人"是指在中国境内开立银行结算账户的机关、团体、部队、企业、事业单位、其他组织（以下统称单位）、个体工商户和自然人。

（二）银行结算账户的分类

银行结算账户按照不同的标准可以分成不同类别。比如，按存款人不同，分为单位银行结算账户和个人银行结算账户。其中，单位银行结算账户按用途不同，分为基本存款账户、一般存款账户、专用存款账户和临时存款账户。按开户地的不同分为本地银行结算账户和异地银行结算账户。

归纳起来，银行结算账户有以下类别：

1. 基本存款账户

（1）基本存款账户使用范围

基本存款账户是存款人因办理日常转账结算和现金收付需要开立的银行结算账户，是存款人的主办账户。存款人日常经营活动的资金收付及其工资、奖金和现金的支取，应通过该账户办理。

（2）基本存款账户开户要求

存款人资格：凡是具有民事权利能力和民事行为能力，并依法独立享有民事权利和承担民事义务的法人和其他组织，均可开立基本存款账户。同时，具有独立核算资格，有自主办理自己结算需要的非法人组织，也可以开立基本存款账户。

具体包括：企业法人；非法人企业；机关、事业单位；团级（含）以上军队、武警部队及分散执勤的支（分）队；社会团体；民办非企业组织；异地常设机构；外国驻华机构；个体工商户；居民委员会、村民委员会、社区委员会；单位设立的独立核算的附属机构；其他组织。

证明文件：营业执照正本、批文、登记证书或开户证明。若存款人为从事生产、经营活动的纳税人，还应出具税务登记证；如果根据国家有关规定无法取得税务登记证的，在申请开立基本存款账户时可不出具税务登记证。

（3）开立基本存款账户的程序

程序：填制开户申请书、提交证明文件——银行审查后报送中国人民银行当地分支行——中国人民银行 2 个工作日内审核完毕，符合开户条件的，予以核算；不符合的，退回银行。

一个单位只能开立一个基本存款账户，其他银行结算账户的开立必须以基本存款账户的开立为前提，必须凭基本存款账户开户登记证办理开户手续，并在基本存款账户开户登记证上进行相应登记；严禁将单位和个体工商户款项转入个人储蓄账户；基本存款账户的开立须经人民银行核准后才能由开户银行核发开户登记证。

2. 一般存款账户

（1）一般存款账户的使用范围

一般存款账户是存款人因借款或其他结算需要，在基本存款账户开户银行以外的银行营业机构开立的银行结算账户。一般存款账户主要用于办理存款人借款转存、借款归还和其他结算的资金收付。一般存款账户可以办理现金缴存，但不得办理现金支取。

（2）一般存款账户的开户要求

存款人资格：开立基本存款账户的存款人，具有借款和其他结算需要，可以开立一般存款账户。一般存款账户没有数量限制。

证明文件：开立基本存款账户规定的证明文件、基本存款账户开户登记证，以及借款合同或办理结算的有关证明。

（3）开立一般存款账户的程序

开立一般存款账户，实行备案制，无须中国人民银行核准。

填制开户申请书，提供规定的证明文件——银行审查，符合条件的予以开户——开户之日起 5 日内向中国人民银行当地分支行备案；自开户之日起 3 日内书面通知基本存款账户开户银行。

3. 专用存款账户

（1）专用存款账户的使用范围

专用存款账户是存款人按照法律、行政法规和规章，对其特定用途资金进行专项管理而开立的银行结算账户。专用存款账户用于办理各项专用资金的收付。开立专用存款账户的目的是保证特定用途的资金专款专用，并有利于监督管理。只有法律、行政法规和规章规定要专户存储和使用的资金，才纳入专用存款账户管理。

针对不同的专用资金，《人民币银行结算账户管理办法》规定了不同的使用范围：

单位银行卡账户的资金必须由其基本存款账户转账存入。该账户不得办理现金收付业务。

财政预算外资金、证券交易结算资金、期货交易保证金和信托基金专用存款账户不得支取现金。

基本建设资金、更新改造资金、政策性房地产开发资金、金融机构存放同业资金账户需要支取现金的，应在开户时报中国人民银行当地分支行批准。中国人民银行当地分支行应根据国家现金管理的规定审查批准。

粮、棉、油收购资金、社会保障基金、住房基金和党、团、工会经费等专用存款账户支取现金应按照国家现金管理的规定办理。

收入汇缴账户除向其基本存款账户或预算外资金财政专用存款户划缴款项外，只收不付，不得支取现金。业务支出账户除从其基本存款账户拨入款项外，只付不收，其现金支取必须按照国家现金管理的规定办理。

银行应按照本条的各项规定和国家对粮、棉、油收购资金使用管理规定加强监督，对不符合规定的资金收付和现金支取，不得办理。但对其他专用资金的使用不负监督责任。

注意：弄清各种专用存款账户在现金收付方面的权限，注意哪些账户可以支取现金。

（2）专用存款账户开户要求

对下列资金的管理与使用，存款人可以申请开立专用存款账户：

基本建设资金；更新改造资金；财政预算外资金；粮、棉、油收购资金；证券交易结算资金；期货交易保证金；信托基金；

金融机构存放同业资金；政策性房地产开发资金；单位银行卡备用金；住房基金；社会保障基金；收入汇缴资金和业务支出资金；党、团、工会设在单位的组织机构经费；其他需要专项管理和使用的资金。

证明文件：开立基本存款账户规定的证明文件、基本存款账户开户登记证和相关批文或证明。同一个证明文件，只能开立一个专用存款账户。

（3）开立专用存款账户的程序

除开立预算单位专用存款账户实行核准制外，其他专用存款账户实行备案制。

4. 临时存款账户

（1）临时存款账户的使用范围

临时存款账户是存款人因临时需要并在规定期限内使用而开立的银行结算账户。临时存款账户用于办理临时机构以及存款人临时经营活动的资金收付。

（2）临时存款账户开户要求

有下列情况的，存款人可以申请开立临时存款账户：设立临时机构；异地临时经营活动；注册验资；境外（含港澳台地区）机构在境内从事经营活动等。

存款人为临时机构的，只能在其驻地开立一个临时存款账户，不得开立其他银行结算账户；存款人在异地从事临时活动的，只能在其临时活动地开立一个临时存款账户；建筑施工及安装单位在异地同时承建多个项目的，可以根据建筑施工及安装合同开立不超过项目合同个数的临时存款账户。

存款人申请开立临时存款账户，应向银行出具下列证明文件：

临时机构：其驻在地主管部门同意设立临时机构的批文；

异地建筑施工及安装单位：营业执照正本或其隶属单位的营

业执照正本、施工及安装地建设主管部门核发的许可证或建筑施
工及安装合同、基本存款账户开户登记证；

异地从事临时经营活动的单位：营业执照正本及临时经营地
工商行政管理部门的批文、基本存款账户开户登记证；

注册验资资金：工商行政管理部门核发的企业名称预先核准
通知书或有关部门的批文、基本存款账户开户登记证。

（3）开立临时存款账户的程序

开立临时存款账户实行核准制（除注册验资户外）。

（4）临时存款账户使用中应注意的问题

临时存款账户的有效期最长不得超过2年。

临时存款账户支取现金，应按照国家现金管理的规定办理。

注册验资的临时存款账户在验资期间只收不付。

5. 个人银行结算账户

（1）个人银行结算账户使用范围

个人银行结算账户是自然人因投资、消费、结算等而开立的
可办理支付结算业务的存款账户。

个人银行结算账户用于办理个人转账收付和现金支取，储蓄
账户仅限于办理现金存取业务，不得办理转账结算。

下列款项可以转入个人结算账户：工资、奖金收入；稿费、
演出费等劳务收入；债券、期货、信托等投资的本金和收益；个
人债权或产权转让收益；个人贷款转存；证券交易结算资金和期
货交易保证金；继承、赠与款项；保险理赔、保费退还等款项；
纳税退还；农、副、矿产品销售收入；其他合法款项。

（2）个人银行结算账户开户要求

开立条件：使用支票、信用卡等信用支付工具的；办理汇
兑、定期借记、定期贷记、借记卡登记结算业务。

证明文件：身份证件。银行为个人开立银行结算账户时，根
据需要还可要求申请人出具户口簿、驾驶执照、护照等有效

证件。

（3）开立个人银行结算账户的程序

开立个人银行结算账户实行备案制。

（4）个人银行结算账户使用中应注意的问题

单位从其银行结算账户支付给个人银行结算账户的款项，每笔超过5万元的，应向其开户银行提供付款依据；应纳税的，税收代扣单位付款时，应向其开户银行提供完税证明。

个人持出票人为单位的支票向开户银行办理委托收款，或持出票人为单位的银行汇票和银行本票向开户银行提示付款，将款项转入其个人银行结算账户的，也应提供有关收款依据。个人持出票人（或申请人）为单位，且一手或多手背书人为单位的支票、银行汇票或银行本票，向开户银行提示付款并将款项转入其个人银行结算账户的，应当提供有关最后一手背书人为单位且被背书人为个人的收款依据。

付款依据或收款依据包括：代发工资协议和收款人清单；奖励证明；新闻出版、演出主办等单位与收款人签订的劳务合同或支付给个人款项的证明；证券公司、期货公司、信托投资公司、证券发行或承销部门支付或退还给自然人款项的证明；债权或产权转让协议；借款合同；保险公司的证明；税收征管部门的证明；农副矿产品购销合同；其他合法款项的证明。

储蓄账户仅限于办理现金存取业务，不得办理转账结算。

6.异地银行结算账户

（1）异地银行结算账户开户条件

营业执照注册地和经营地不在同一行政区域，需要开立基本存款账户的；

办理异地借款和其他结算需要开立一般存款账户的；

存款人因附属的非独立核算单位或派出机构发生的收入汇缴或业务支出需要开立专用存款账户的；

异地临时经营活动需要开立临时存款账户的；

自然人根据需要在异地开立个人银行结算账户的。

注意：在异地开立的基本户、一般户、专用户、临时户和个人户都是异地银行结算账户。

（2）开立异地银行结算账户的程序

根据其账户的种类不同，开立程序与前述相关账户开立的程序相同。

● **题型分析**

1. 单项选择题

【例】下列各项中属于个人银行结算账户的是（   ）。

   A. 甲公司在工商银行开立的基本存款账户

   B. 甲公司因借款需要在农业银行开立的一般存款账户

   C. 个体工商户张某凭营业执照在工商银行开立的银行结算账户

   D. 个体工商户张某凭本人身份证在农业银行开立的银行结算账户

【答案】D

【解析】存款人以单位名称开立的银行结算账户为单位银行结算账户。因此 A、B 均为单位银行结算账户；个体工商户凭营业执照以字号或经营者姓名开立的银行结算账户纳入单位结算账户管理。因此 C 也为单位银行结算账户。只有 D 为凭身份证以自然人名义开立的账户，是个人银行结算账户。

2. 多项选择题

【例】单位银行结算账户按用途不同，可分为（   ）。

   A. 基本存款账户

   B. 一般存款账户

   C. 专用存款账户和临时存款账户

   D. 本地银行结算账户和异地银行结算账户

【答案】ABC

【解析】单位银行结算账户按用途不同，分为基本存款账户、一般存款账户、专用存款账户和临时存款账户。

3. 判断题

【例】本地银行结算账户和异地银行结算账户的区别在于存款人是在注册地开立的还是在住所地开立的。　　　　（　　）

【答案】×

【解析】本地银行结算账户是指存款人在注册地或住所地开立的银行结算账户。异地银行结算账户是指存款人根据规定的条件在异地（跨省、市、县）开立的银行结算账户。

【考点 11】银行结算账户管理的基本原则

银行结算账户管理的基本原则是：

1. 一个基本账户原则。单位银行账户的存款人只能在银行开立一个基本存款账户，不能多头开立基本存款账户。

2. 自主选择原则。存款人可以自主选择银行开立银行结算账户。除国家法律、行政法规和国务院规定外，任何单位和个人不得强令存款人到指定银行开立银行结算账户。

3. 守法合规原则。银行结算账户的开立和使用应当遵守法律、行政法规规定，不得利用银行结算账户进行偷逃税款、逃避债务、套取现金及其他违法犯罪活动。

银行结算账户在使用过程中应当注意以下几点：

第一，银行应按规定与存款人核对账务。

第二，存款人不得出租、出借银行结算账户，不得利用银行结算账户套取银行信用。

第三，存款人开立单位银行结算账户，自正式开立之日起 3 个工作日后，方可办理付款业务。

第四，存款人在同一营业机构撤销银行结算账户后重新开立银行结算账户时，重新开立的银行结算账户可自开立之日起办理付款业务。

4. 存款信息保密原则。银行应依法为存款人的银行结算账户信息保密。对单位银行结算账户的存款和有关资料，除国家法律、行政法规另有规定外，银行有权拒绝任何单位和个人查询。对个人银行结算账户的存款和有关资料，除国家法律另有规定外，银行有权拒绝任何单位和个人查询。

● 题型分析

1. 单项选择题

【例】存款人开立基本存款账户后，自正式开户之日起（　　）个工作日后方可使用该账户办理付款业务。

　　A. 1　　　　　　　　　　B. 3
　　C. 5　　　　　　　　　　D. 8

【答案】B

【解析】存款人开立单位银行结算账户，自正式开立之日起 3 个工作日后，方可办理付款业务。

2. 多项选择题

【例】下列各项中，属于我国银行结算账户管理应当遵守的基本原则的有（　　）。

　　A. 一个基本账户原则

　　B. 自主选择银行开立银行结算账户原则

　　C. 守法合规原则

　　D. 存款信息保密原则

【答案】ABCD

【解析】以上四条正是我国银行结算账户管理应当遵守的基本原则。

3. 判断题

【例】存款人在同一营业机构撤销银行结算账户后重新开立

银行结算账户的，重新开立的账户仍然需要三个工作日后才能办理付款业务。　　　　　　　　　　　　　　　（　　）

【答案】×

【解析】存款人在同一营业机构撤销银行结算账户后重新开立银行结算账户时，重新开立的银行结算账户可自开立之日起办理付款业务。

【考点 12】银行结算账户的开立、变更与撤销

（一）银行结算账户的开立

1. 开立银行结算账户的一般程序。

填写开户申请书、提交证明材料和印鉴卡片—签订银行结算账户管理协议—银行审查—开户后备案或核准后开户。

存款人应以实名开立银行结算账户，对其出具的开户申请资料实质内容的真实性负责，法律、行政法规另有规定的除外。存款人开立银行结算账户时，应填写开户申请书，并提交有关证明文件，银行应对存款人的开户申请书填写的事项和证明文件的真实性、完整性、合规性进行认真审查。

存款人开立基本存款账户、临时存款账户和预算单位开立专用存款账户实行核准制度，经中国人民银行核准后由开户银行核发开户登记证。但存款人因注册验资需要开立的临时存款账户除外。

符合开立基本存款账户、临时存款账户和预算单位专用存款账户开户条件的，需要中国人民银行核准，银行应及时将存款人的开户申请书、相关的证明文件和银行审核意见等开户资料报送中国人民银行当地分支行核准，经其核准后办理开户手续。中国人民银行应该于 2 个工作日内对银行报送的开户资料的合规性进行审核，作出是否准予开户的决定。

符合开立一般存款账户、其他专用存款账户、个人银行结算

账户条件的，不需要核准，应在开户之后的 5 日内向中国人民银行当地分支行备案。

2. 存款人的预留签章。存款人为单位的，其预留签章为该单位的公章或财务专用章加其法定代表人（单位负责人）或其授权的代理人的签名或盖章；存款人为个人的，其预留签章为该个人的签名或者盖章。

3. 账户名称、存款人名称与预留银行签章中的公章或财务专用章的名称应当保持一致，但因注册验资开立的临时存款账户、没有字号的个体工商户开立的银行结算账户有例外情况存在。预留银行签章中公章或财务专用章的名称依法可使用简称的，账户名称应与其保持一致。

4. 注册验资资金或增资验资资金的退还。存款人因注册验资或增资验资开立临时存款账户后，需要在临时存款账户有效期届满前退还资金的，应出具工商行政管理部门的证明；无法出具证明的，应于账户有效期届满后办理销户退款手续。

5. 银行结算账户的信息查询。存款人可以向中国人民银行当地分支行或者基本存款账户开户行，在提交基本存款账户开户许可证后，使用密码查询其已经开立的所有银行结算账户的相关信息。

（二）银行结算账户的变更

存款人账户信息资料发生变化和改变时，应于 5 个工作日内到开户银行办理变更手续。具体包括：存款人名称、法定代表人或主要负责人、住址以及其他开户资料发生的变更。银行接到存款人的变更通知后，应及时办理变更手续，并与 2 个工作日内向中国人民银行报告。

存款人更改名称，但不改变开户银行及账号的，应于 5 个工作日内向开户行提出银行结算账户的变更申请，并出具有关部门的证明文件。

单位法定代表人或主要负责人、住址以及其他开户资料发生变更的，应于5个工作日内书面通知开户银行并提供有关证明。

（三）银行结算账户的撤销

1. 撤销事由

存款人因开户资格或其他原因终止银行结算账户使用的，应向开户银行提出撤销银行结算账户的申请。

存款人应申请银行结算账户撤销的事由包括：

（1）被撤并、解散、宣告破产或关闭的；

（2）注销、被吊销营业执照的；

（3）因迁址，需要变更开户银行的；

（4）其他原因需要撤销银行结算账户的。

存款人有本条第（1）、（2）项情形的，应于5个工作日内向开户银行提出撤销银行结算账户的申请。

2. 撤销手续办理

第一种情形：存款人主体资格终止的，即发生被撤并、解散、宣告破产或关闭，或被注销、被吊销营业执照等情形时，应于5个工作日内向开户银行提出撤销银行结算账户的申请。存款人申请撤销基本存款账户的，其基本存款账户开户银行应自撤销银行结算账户之日起2个工作日内将撤销该基本存款账户的情况书面通知该存款人其他银行结算账户的开户银行；其他银行结算账户开户银行应当自收到通知之日起2个工作日内通知存款人撤销有关银行结算账户；存款人应自收到通知之日起3个工作日内办理其他银行结算账户的撤销。

存款人主体资格终止后，撤销银行结算账户的，应当先撤销一般存款账户、专用存款账户、临时存款账户，将账户资金转入基本存款账户后，方可办理基本存款账户的撤销。

银行得知存款人主体资格终止情况的，存款人超过规定期限未主动办理撤销银行结算账户手续的，银行有权停止其银行结算账户的对外支付。

第二种情形：因地址变更或其他原因需要变更开户银行的，银行在收到存款人撤销银行结算账户的申请后，对于符合销户条件的，应当在两个工作日内办理撤销手续。存款人需要重新开立基本存款账户的，应在撤销其原基本存款账户后 10 日内申请重新开立基本存款账户。

存款人在申请重新开立基本存款账户时，除应根据开立基本存款账户的规定出具相关证明文件外，还应当出具"已开立银行结算账户清单"。

3. 其他注意事项

未获得工商行政部门核准登记的单位，验资期满后应向银行申请撤销注销验资临时存款账户，其账户资金应退还给原汇款账户。注册验资资金以现金方式存入，出资人需提取现金的，应出具缴存现金时的现金缴款单原件及其有效身份证件。

存款人未清偿其开户银行债务的，不得申请撤销该账户。

银行撤销单位银行结算账户时应在其基本存款账户开户登记证上注明销户日期并签章，同时于撤销银行结算账户之日起 2 个工作日内，向中国人民银行报告。

银行对一年未发生收付活动且未欠开户银行债务的单位银行结算账户，应通知单位自发出通知之日起 30 日内办理销户手续，逾期视为自愿销户，未划款项列入久悬未取专户管理。

●**题型分析**

1. 单项选择题

【例】下列情形中，需要向开户银行提出银行结算账户变更申请，并出具有关部门的证明文件的是（　　　）。

　　A. 单位的法定代表人变更　B. 单位的主要负责人变更

　　C. 单位的住址变更　　　　 D. 存款人名称变更

【答案】D

【解析】存款人名称变更但不改变开户银行及账号的，需提出变更申请并出具有关部门的证明文件；而其他账户信息变更只需书面通知开户银行并提供有关证明即可。

2. 多项选择题

【例】存款人有下列（　　）情形之一的，应向开户银行提出撤销银行结算账户的申请。

　　A. 被撤并、解散、宣告破产或关闭的

　　B. 注销、被吊销营业执照的

　　C. 因迁址需要变更开户银行的

　　D. 因名称变更不需要变更开户银行的

【答案】ABC

【解析】需要申请开户银行撤销结算账户的情形：存款人发生被撤并、解散、宣告破产或关闭；存款人被注销、被吊销营业执照等；存款人因地址改变或其他原因需改变开户银行。因名称变更且不需要变更开户银行的，只需办理变更手续即可。

3. 判断题

【例】根据《人民币银行结算账户管理办法》的规定，银行对一年未发生收付活动且未欠开户银行债务的单位银行结算账户，应通知单位自发出通知之日起 30 日内办理销户手续，逾期视同自愿销户，未划转款项作为银行营业外收入处理。（　　）

【答案】×

【解析】银行对一年未发生收付活动且未欠开户银行债务的单位银行结算账户，应通知单位自发出通知之日起 30 日内办理销户手续，逾期视为自愿销户，未划款项列入久悬未取专户管理。

【考点13】违反银行账户管理法律制度的法律责任

（一）存款人在开立、撤销银行结算账户时违反银行账户管理法律制度的法律责任

存款人在开立、撤销银行结算账户中，有下列行为之一：

1. 违反规定开立银行结算账户；

2. 伪造、变造证明文件欺骗银行开立银行结算账户；

3. 违反规定不及时撤销银行结算账户。

对于非经营性的存款人，给予警告并处以1 000元的罚款；对于经营性的存款人，给予警告并处以1万以上3万以下的罚款；构成犯罪的，移交司法机关依法追究刑事责任。

（二）存款人使用银行结算账户时违反银行账户管理法律制度的法律责任

存款人在使用银行结算账户过程中，有下列行为之一：

1. 违反规定将单位款项转入个人银行结算账户；

2. 违反规定支取现金；

3. 利用开立银行结算账户逃避银行债务；

4. 出租、出借银行结算账户；

5. 从基本存款账户之外的银行结算账户转账存入；

6. 将销货收入存入或现金存入单位信用卡账户。

对于非经营性的存款人，给予警告并处以1 000元的罚款；对于经营性的存款人，给予警告并处以5 000元以上3万元以下的罚款。

存款人的法定代表人或主要负责人、存款人地址以及其他开户资料的变更事项未在法定期限内通知银行的，给予警告并处以1 000元罚款。

（三）伪造、变造、私自印制开户登记证的存款人的法律责任

存款人违反规定，伪造、变造、私自印制开户登记证的，属

非经营性的处以 1 000 元罚款；属经营性的处以 1 万元以上 3 万元以下的罚款；构成犯罪的，移交司法机关依法追究刑事责任。

注意其与开立、撤销银行结算账户中的处罚区别：罚款金额相同，但是此处没有给予警告的处罚。

（四）银行在银行结算账户的开立中有法定违法行为的法律责任

银行在银行结算账户的开立过程中，有下列行为之一：

1. 违反规定为存款人多头开立银行结算账户；

2. 明知或应知是单位资金，而允许以自然人名称开立账户存储。

给予警告，并处以 5 万元以上 30 万元以下的罚款；对该银行直接负责的高级管理人员、其他直接负责的主管人员、直接责任人员按规定给予纪律处分；情节严重的，中国人民银行有权停止对其开立基本存款账户的核准，责令该银行停业整顿或者吊销经营金融业务的许可证；构成犯罪的，移交司法机关依法追究刑事责任。

（五）银行在银行结算账户的使用中有法定违法行为的法律责任

银行在银行结算账户的使用中，有下列行为之一：

1. 提供虚假开户申请资料欺骗中国人民银行许可开立基本存款账户、临时存款账户、预算单位专用存款账户；

2. 开立或撤销单位银行结算账户，未按《人民币银行结算账户管理办法》规定在其基本存款账户开户登记证上予以登记、签章或通知相关开户银行；

3. 违反规定办理个人银行结算账户转账结算；

4. 为储蓄账户办理转账结算；

5. 违反规定为存款人支付现金或办理现金存入；

6. 超过期限或未向中国人民银行报送账户开立、变更、撤销等资料。

给予警告，并处以 5 000 元以上 3 万元以下的罚款；对该银行直接负责的高级管理人员、其他直接负责的主管人员、直接责任人员按规定给予纪律处分；情节严重的，中国人民银行有权停止对其开立基本存款账户的核准；构成犯罪的，移交司法机关依法追究刑事责任。

●题型分析

1. 单项选择题

【例】下列对经营性存款人违反账户管理制度的处罚中，罚款金额为 1 万元以上 3 万元以下的是（　　　）。

　　A. 利用开立银行结算账户逃避银行债务

　　B. 违反规定支取现金

　　C. 违反规定将单位款项转入个人银行结算账户

　　D. 伪造、变造证明文件欺骗银行开立银行结算账户

【答案】D

【解析】经营性存款人在开立、撤销银行结算账户中的违法行为罚款金额为 1 万元以上 3 万元以下，在使用银行结算账户过程中的违法行为罚款金额为 5 000 元以上 3 万元以下。ABC 为使用过程中的违法行为，D 为开立过程中的违法行为，所以应选 D。

2. 多项选择题

【例】根据《人民币银行结算账户管理办法》的规定，银行在银行结算账户的开立过程中，明知或应知是单位资金，而允许以自然人名义开立账户存储，应给与的处罚有（　　　）

　　A. 给予警告，并处以 5 万元以上 30 万元以下的罚款

　　B. 构成犯罪的，移交司法机关依法追究刑事责任

　　C. 对该银行直接负责的高级管理人员、其他直接负责的主管人员、直接责任人员按规定给予纪律处分

　　D. 情节严重的，中国人民银行有权停止对其开立基本存

款账户的核准，责令该银行停业整顿或者吊销经营金融业务许可证

【答案】ABCD

【解析】根据《人民币银行结算账户管理办法》的规定，银行在银行结算账户的开立过程中，明知或应知是单位资金，而允许以自然人名义开立账户存储以及违反规定为存款人多头开立银行结算账户的，其正确的处罚方式即为 ABCD 选项所述。

3. 判断题

【例】存款人出租、出借银行结算账户的，对于经营性的存款人，给予警告并处 5 000 元以上 3 万元以下的罚款，情节严重的，移交司法机关追究刑事责任。   （   ）

【答案】×

【解析】经营性的存款人在使用银行结算账户过程中，因为出租、出借银行结算账户而应接受的处罚为给予警告并处 5 000 元以上 3 万元以下的罚款，不包括追究刑事责任。

第四节　票据结算方式

【考点 14】票据结算概述

（一）票据的概念与种类

1. 票据的概念

票据是由出票人签发的、约定自己或者委托付款人在见票时或者指定的日期向收款人或持票人无条件支付一定金额的有价证券。

2. 票据的种类

（1）我国《票据法》上规定的票据为狭义的票据，包括汇

票、本票和支票三种。其中，汇票可分为银行汇票和商业汇票，本票即为银行本票。

（2）按照付款时间，票据可以分为即期票据和远期票据。即期票据是付款人见票后必须立即付款给持票人的票据，包括：支票、见票即付的汇票、本票；远期汇票是付款人见票后在一定期限或特定日期付款的票据。

（二）票据的特征与功能

1. 票据的特征

（1）票据是债券凭证和金钱凭证

票据是一种有价证券，具有一定的票面金额，谁合法拥有票据，谁就有权凭票据取得票据上规定的金额。"有价证券"，是指设定并证明持券人有权取得一定财产权利的书面凭证。

票据体现的是票据当事人之间的债券债务关系。票据是持票人可以就票据上所记载的金额向特定票据债务人行使付款请求权和追索权的书面凭证。因此票据是债权证券。

票据所体现的债权是持票人可以凭票据向票据债务人请求给付票据金额的金钱的权利。因此票据是金钱证券。

（2）票据是设权证券

所谓设权证券，是指权利义务产生于证券的作成。持票人的票据权利是由出票行为创设出来的。在票据签发前，当事人之间虽然存在债权债务关系，但是票据签发后，债权人的债权就通过票据得以体现，而与作为票据基础关系的债权债务关系独立开来。

（3）票据是文义证券

票据上的权利义务只依票据上所记载的文义来确定，票据文义以外的任何事实与证据皆不能用来作为认定票据上的权利和义务的证据。

2. 票据的功能

（1）支付功能。票据可以充当支付工具，代替现金使用。使用票据支付可以克服大量携带现金的不便和降低风险，也可以节省点钞的时间。

（2）汇兑功能。票据可以代替货币在不同的地方之间运送，克服现金支付的空间困难。

（3）信用功能。票据当事人可以凭借自己的信誉，将未来才能获的金钱作为现在的金钱来使用。例如，商业汇票约定出票后三个月付款即是使用了票据的信用功能。

（4）结算功能。票据具有债务抵销功能。票据作为货币给付的手段，可以用它在同城或异地的经济往来中，抵销不同当事人之间相互的收款、欠款或相互的支付关系，即通过票据交换，使各方收付相抵，相互债务冲减。

（5）融资功能。融通资金或调度资金。票据的融资功能是通过票据的贴现，转贴现和再贴现实现的。

（三）票据行为

票据行为是指票据当事人以发生票据债务为目的的、以在票据上签名或盖章为权利与义务成立要件的法律行为，包括出票、背书、承兑和保证四种。

1. 出票

出票，是指出票人按规定在原始票据上记载法定事项并签章，作成票据。出票包括两个行为：一是出票人依照《票据法》的规定作成票据，即在原始票据上记载法定事项并签章；二是交付票据，即将作成的票据交付给他人占有，二者缺一不可。

2. 背书

背书，是指收款人或持票人为将票据权利转让给他人或者将一定的票据权利授予他人行使而在票据背面或者粘单上记载有关事项并签章的行为。

背书按照目的不同分为转让背书和非转让背书。转让背书是以持票人将票据权利转让给他人为目的；非转让背书是将一定的票据权利授予他人行使，包括委托收款背书和质押背书。

以背书转让的票据，背书应连续。背书连续是指在票据转让中，转让票据的背书人与受让票据的被背书人在票据上的签章依次前后衔接，即第一次背书的被背书人为票据的收款人；第二次背书的背书人为第一次背书的被背书人；依次类推。

3. 承兑

承兑是指汇票付款人承诺在汇票到期日支付汇票金额并签章的行为。并非所有票据均需承兑，仅仅只有商业汇票需要承兑。付款人经承兑后成为票据的债务人，应承担到期付款的责任。承兑不得附有条件，否则视为拒绝承兑。

4. 保证

保证是指票据债务人以外的人，为担保特定债务人履行票据债务而在票据上记载有关事项并签章的行为。保证人对合法取得票据的持票人所享有的票据权利承担保证责任。

被保证的票据，保证人应当与被保证人对持票人承担连带责任。保证人为两人以上的，保证人之间承担连带责任。票据到期后得不到付款的，持票人有权向保证人请求付款，保证人应当足额付款。保证人清偿票据债务后，可以行使持票人对被保证人及其前手的追索权。

出票人在票据上的签章不符合《票据法》等规定的，票据无效。承兑人、保证人在票据上的签章不符合《票据法》等规定的，其签章无效，但不影响其他符合规定签章的效力；背书人在票据上的签章不符合《票据法》等规定的，其签章无效，但不影响其前手符合规定签章的效力。

（四）票据当事人

票据当事人可分为基本当事人和非基本当事人。

1. 基本当事人，是指在票据作成和交付时就业已存在的当事人，是构成票据法律关系的必要主体。包括出票人、付款人和收款人。票据基本当事人，缺一不可，缺少任何一个，票据无效。

2. 非基本当事人，是指在票据作成并交付后，通过一定的票据行为加入票据关系而享有一定权利、承担一定义务的当事人。包括承兑人、背书人、被背书人、保证人等。非基本当事人是否存在，取决于相应票据行为是否发生。

（五）票据权利与责任

1. 票据权利

票据权利是指票据持票人向票据债务人请求支付票据金额的权利，包括付款请求权和追索权。

付款请求权是指持票人向汇票的承兑人、本票的出票人、支票的付款人出示票据要求付款的权利，是第一顺序权利。行使付款请求权的持票人可以是票据记载的收款人或者最后的被背书人。

追索权是指票据当事人行使付款请求权遭到拒绝或有其他法定原因存在时，向其前手要求偿还票据金额及其他法定费用的权利，是第二顺序权利。行使追索权的当事人可以是票据记载的收款人、最后的被背书人、代为清偿票据债务的保证人、背书人。

2. 票据责任

票据责任是指票据债务人向持票人支付票据金额的责任。票据债务人承担票据义务一般有四种情况：

（1）汇票承兑人因承兑而应承担付款义务；

（2）本票出票人因出票而承担自己付款的义务；

（3）支票付款人在与出票人有资金关系时承担付款义务；

（4）汇票、本票、支票的背书人，汇票、支票的出票人、保证人，在票据不获承兑或不获付款时承担付款清偿义务。

●题型分析

1. 单项选择题

【例】（　　　）是指收款人或持票人为将票据权利转让给他人

或者将一定的票据权利授予他人行使而在票据背面或者粘单上记载有关事项并签章的行为。

　　A. 承兑　　　　　　　B. 付款
　　C. 保证　　　　　　　D. 背书

【答案】D

【解析】背书，是指收款人或持票人为将票据权利转让给他人或者将一定的票据权利授予他人行使而在票据背面或者粘单上记载有关事项并签章的行为。

2. 多项选择题

【例】我国《票据法》上规定的票据包括（　　　）。

　　A. 汇票　　　　　　　B. 发票
　　C. 本票　　　　　　　D. 支票

【答案】ACD

【解析】我国《票据法》上规定的票据为狭义的票据，包括汇票、本票和支票三种。

3. 判断题

【例】无民事行为能力人或者限制民事行为能力人在票据上的签章无效，且影响其他签章的效力。　　　　　（　　　）

【答案】×

【解析】无民事行为能力人或者限制民事行为人在票据上签章的，其签章无效，但是不影响其他签章的效力。

【考点15】支票

（一）支票的概念及适用范围

　　支票是指由出票人签发的、委托办理支票存款业务的银行在见票时无条件支付确定的金额给收款人或者持票人的票据。

　　单位和个人的各种款项结算，均可以使用支票。2007年7月8日，中国人民银行宣布，支票可以实现全国范围内互通使用。

支票的基本当事人包括出票人、付款人和收款人。它是一种委付票据，出票人为签发支票的单位或个人，付款人为出票人的开户银行。支票与汇票和本票相比，有两个显著的特点：以银行或者其他金融机构为付款人；见票即付。

支票可以背书转让，但用于支取现金的支票不能背书转让。

（二）支票的种类

支票按支付票款的方式不同，分为现金支票、转账支票和普通支票。

（1）现金支票。支票上印有"现金"字样的为现金支票。现金支票只能用于支取现金，不能用于转账。

（2）转账支票。支票上印有"转账"字样的为转账支票。转账支票只能用于转账，不能支取现金。

（3）普通支票。支票上未印有"现金"或"转账"字样的为普通发票。普通发票可以用于支取现金，也可以用于转账。在普通支票左上角划两条平行线为划线支票，划线支票只能用于转账，不得支取现金。

（三）支票的出票

1. 支票的绝对记载事项

（1）签发支票如果欠缺绝对记载事项之一的，支票无效：

表明"支票"字样；无条件支付的委托；确定的金额；付款人名称；出票日期；出票人签章。

（2）支票的授权补记

支票的绝对记载事项中有两项可以通过授权补记的方式记载：支票的金额、收款人名称。这两项可以由出票人授权补记。未补记前不得背书转让和提示付款。

2. 支票的相对记载事项

支票的相对记载事项有：

（1）付款地。支票上未记载付款地的，付款人的营业场所为付款地。

（2）出票地。支票上未记载出票地的，出票人的营业场所、住所或者经常居住地为出票地。

此外，支票上可以记载非法定记载事项，但这些事项并不发生支票上的效力。

3. 出票的效力

出票人必须按照签发的支票金额承担保证向该持票人付款的责任。即出票人必须在付款人处存有足够可处分的资金，以保证支票票款的支付；当付款人对支票拒绝付款超过支票付款提示期限的，出票人应向持票人承担付款责任。

（四）支票的付款

支票限于见票即付，不得另行记载付款日期，另行记载付款日期的，该记载无效。

1. 提示付款期限

支票的持票人应当自出票日起 10 日内提示付款；异地使用的支票，其提示付款的期限由中国人民银行另行规定。超过提示付款期限提示付款的，付款人可以不予付款；但是付款人不予付款的，出票人仍应当对持票人承担票据责任。

2. 付款

出票人在付款人处的存款足以支付支票金额时，付款人应当在见票当日足额付款。

3. 付款责任的解除

付款人依法支付支票金额的，对出票人不再承担委托付款的责任，对持票人不再承担付款的责任。但是，付款人以恶意或者有重大过失付款的除外。恶意或者重大过失付款是指付款人在收到持票人提示的支票时，明知持票人不是真正的票据权利人，支票的背书以及其他签章系属伪造，或者付款人不按照正常的操作程序审查票据等情形。在此情况下，付款人不能解除付款责任。

由此造成损失的，由付款人承担赔偿责任。

（五）支票的办理要求

1. 签发支票的要求

（1）签发支票应当使用碳素墨水或墨汁填写，中国人民银行另有规定的除外。

（2）签发现金支票和用于支取现金的普通支票，必须符合国家现金管理的规定。

（3）支票的出票人签发支票的金额不得超过付款时在付款人处实有的存款金额。禁止签发空头支票。

（4）支票的出票人预留银行签章是银行审核支票付款的依据，银行也可以与出票人约定使用支付密码，作为银行审核支付支票金额的条件。

（5）出票人不得签发与其预留银行签章不符的支票；使用支付密码的，出票人不得签发支付密码错误的支票。

（6）出票人签发空头支票、签章与预留银行签章不符的支票，使用支付密码的地区，支付密码错误的支票，银行应予以退票，并按票面金额处以5%但不低于1 000元的罚款；持票人有权要求出票人赔偿支票金额2%的赔偿金。对屡次签发的，银行应停止其签发支票。

2. 兑付支票的要求

（1）持票人可以委托开户银行收款或直接向付款人提示付款。用于支取现金的支票仅限于收款人向付款人提示付款。

（2）持票人委托开户银行收款时，应作委托收款背书，在支票背面背书人签章栏签章，记载"委托收款"字样、背书日期，在被背书人栏记载开户银行名称，并将支票和填制的进账单送交开户银行。

（3）持票人持用于转账的支票向付款人提示付款时，应在支票背面背书人签章栏签章，并将支票和填制的进账单交送出票人开户银行。

收款人持用于支取现金的支票向付款人提示付款时，应在支票背面"收款人签章"处签章，持票人为个人的，还需交验本人身份证件，并在支票背面注明证件名称、号码及发证机关。

●题型分析

1. 单项选择题

【例】出票人签发的支票金额超过其付款时在付款人处实有的存款金额的，为（   ）

    A. 划线支票   B. 空头支票

    C. 普通支票   D. 转账支票

【答案】B

【解析】出票人必须在付款人处存有足够可处分的资金，出票人签发的支票金额超过其付款时在付款人处实有的存款金额的，为空头支票。

2. 多项选择题

【例】支票的基本当事人包括（   ）。

    A. 出票人   B. 付款人

    C. 背书人   D. 收款人

【答案】ABD

【解析】支票的基本当事人有三个：出票人、付款人和收款人。

3. 判断题

【例】支票属于见票即付的票据，没有到期日的规定，另行记载付款日期的，该支票无效。   （   ）

【答案】×

【解析】支票属于见票即付的票据，没有到期日的规定，另行记载付款日期的，该记载无效。

【考点 16】商业汇票

（一）商业汇票的概念和种类

1. 商业汇票的概念

商业汇票是指由出票人签发的，委托付款人在指定日期无条件支付确定金额给收款人或者持票人的票据。商业汇票的付款期限，最长不得超过 6 个月。

2. 商业汇票的种类

根据承兑人不同，商业汇票分为商业承兑汇票和银行承兑汇票。商业承兑汇票由银行以外的付款人承兑，银行承兑汇票由银行承兑。商业汇票的付款人为承兑人。

（二）商业汇票的出票

1. 出票人的确定

商业汇票的出票人，为在银行开立存款账户的法人以及其他组织，与付款人具有真实的委托付款关系，具有支付汇票金额的可靠资金来源。

商业承兑汇票的出票人，为在银行开立存款账户的法人以及其他组织，与付款人具有真实的委托付款关系，具有支付汇票金额的可靠资金来源。

银行承兑汇票的出票人，必须是在承兑银行开立存款账户的法人以及其他组织；与承兑银行具有真实的委托付款关系；资信状况良好，具有支付汇票金额的可靠资金来源。

2. 商业汇票的绝对记载事项

签发商业汇票必须记载下列事项，欠缺记载下列事项之一的，商业汇票无效：①表明商业承兑汇票或银行承兑汇票的字样；②无条件支付的委托；③确定的金额；④付款人名称；⑤收款人名称；⑥出票日期；⑦出票人签章。

3. 商业汇票的相对记载事项

相对记载事项是商业汇票上应记载的内容，但是未在汇票上记载，并不影响汇票本身的效力，汇票仍然有效。该等未记载事项可以通过法律的直接规定来补充。

相对记载事项的内容主要包括：

（1）汇票上未记载付款日期的，视为见票即付；

（2）汇票上未记载付款地的，付款人的营业场所、住所或者经常居住地为付款地；

（3）汇票上未记载出票地的，出票人的营业场所、住所或者经常居住地为出票地。

此外，汇票上可以记载非法定记载事项，但这些事项不具有汇票上的效力。

4. 商业汇票出票的效力

出票人依照《票据法》的规定完成出票行为之后，即产生票据上的效力。包括：

（1）对收款人的效力。收款人取得汇票后，即取得票据权利，享有付款请求权和追索权。

（2）对付款人的效力。付款人在对汇票承兑后，即成为汇票上的主债务人，承担付款义务。

（3）对出票人的效力。出票人签发汇票后，即承担保证该汇票承兑和付款的责任，承担担保责任。

（三）商业汇票的承兑

承兑是指汇票付款人承诺在汇票到期日支付汇票金额的票据行为。承兑是汇票特有的制度。

商业承兑汇票可以由付款人签发并承兑，也可以由收款人签发交由付款人承兑。

1. 承兑的程序

（1）提示承兑

汇票的付款日期不同，其提示承兑期限也不相同：定日付款或者出票后定期付款的汇票，持票人应当在汇票到期日前向付款人提示承兑；见票后定期付款的汇票，持票人应当自出票日起 1 个月内向付款人提示承兑；见票即付的汇票无需提示承兑。

汇票未按规定期限提示承兑的，持票人丧失对其前手的追索权。

（2）承兑成立

①承兑时间。付款人对向其提示承兑的汇票，应当自收到提示承兑的汇票之日起 3 日内承兑或者拒绝承兑。如果付款人在 3 日内不作承兑与否表示的，则应视为拒绝承兑。持票人可以请求其作出拒绝承兑证明，向其前手行使追索权。

②接受承兑。付款人收到持票人提示承兑的汇票时，应当向持票人签发收到汇票的回单。回单上应当记明汇票提示承兑日期并签章。回单是付款人向持票人出具的已收到请求承兑汇票的证明。

③承兑的格式。付款人承兑汇票的，应当在汇票正面记载"承兑"字样和承兑日期并签章；见票后定期付款的汇票，应当在承兑时记载付款日期。汇票上未记载承兑日期的，以 3 天承兑期的最后一日为承兑日期。上列应记载事项必须记载于汇票的正面。

④退回已承兑的汇票。付款人依承兑格式填写完毕应记载事项后，并不意味着承兑生效，只有在其将已承兑的汇票退回持票人才产生承兑的效力。

2. 承兑的效力

（1）承兑人于汇票到期日必须向持票人无条件地支付汇票上的金额，否则其必须承担迟延付款责任；

（2）承兑人必须对汇票上的一切权利人承担责任，该等权利人包括付款请求权人和追索权人；

（3）承兑人不得以其与出票人之间的资金关系来对抗持票人，拒绝支付汇票金额；

（4）承兑人的票据责任不因持票人未在法定期限提示付款而解除。

3. 承兑不得附有条件

付款人承兑商业汇票，不得附有条件；承兑附有条件的，视为拒绝承兑。银行承兑汇票的承兑银行，应当按照票面金额向出票人收取万分之五的手续费。

（四）商业汇票的付款

商业汇票的付款，是指付款人依据票据文义支付票据金额，以消灭票据关系的行为。

1. 提示付款

提示付款是指持票人向付款人或承兑人出示票据，请求付款的行为。持票人只有在法定期限内提示付款的，才发生法律效力。

付款提示的当事人包括提示人和受提示人。提示人一般是持票人，但也可以是持票人的代理人和质权人；受提示人通常是付款人。

商业汇票的付款日期不同，其提示付款期限也有所区别：

定日付款、出票后定期付款汇票和见票后定期付款汇票（远期汇票），提示付款期限为到期日起10日内；见票即付汇票（即期汇票），提示付款期限为自出票日起1个月内。

持票人未按照上述规定期限提示付款的，在作出说明后，承兑人或者付款人仍应当继续对持票人承担付款责任。

2. 支付票款

持票人按照上述规定向付款人或承兑人进行付款提示后，付款人依法审查无误后必须在当日无条件按照票据金额足额支付给持票人。如果付款人或承兑人不能当日足额付款的，依照《票据法》规定，应当承担迟延付款的责任。

持票人获得付款的，应当在汇票上签收，并将汇票交给付款人。付款人及其代理付款人付款时，应当审查汇票背书的连续，并审查提示付款人的合法身份证明或者有效证件。如果付款人及其代理付款人以恶意或者有重大过失付款的，应当自行承担责任。如果付款人对定日付款、出票后定期付款或者见票后定期付款的汇票在到期日前付款，由付款人自行承担所产生的责任。

3. 付款的效力

付款人依法足额付款后，全体汇票债务人的责任解除。

（五）商业汇票的背书

1. 商业汇票背书的概念

商业汇票背书是指以转让商业汇票权利或者将一定的商业汇票权利授予他人行使为目的，按照法定的事项和方式在商业汇票背面或者粘单上记载有关事项并签章的票据行为。

2. 商业汇票的背书转让

商业汇票转让只能采用背书的形式。如果出票人在汇票上记载"不得转让"字样，该汇票不得转让。对于记载"不得转让"字样的票据，其后手以此票据进行贴现、质押的，通过贴现、质押取得票据的持票人主张票据权利的，人民法院不予受理。

另外，被拒绝承兑、付款或者超过付款提示期限三种情形属于法定禁止背书，也不得背书转让。对于"不得转让"和禁止背书转让的汇票背书转让的，背书人应承担汇票责任。出票人和承兑人对受让人不承担票据责任。

3. 背书的形式。背书是一种要式行为，因此必须符合法定的形式，即其必须作成背书并交付，才能有效成立。

4. 背书不得记载的内容有两项：一是附有条件的背书；二是部分背书。

5. 背书应当连续。背书连续是指在票据转让中，转让票据的背书人与受让汇票的被背书人在汇票上的签章依次前后衔接。如果背书不连续，付款人可以拒绝向持票人付款，否则付款人得自行承担责任。背书连续主要是指背书在形式上连续，如果背书在实质上不连续，如有伪造签章等，付款人仍应对持票人付款。但是，如果付款人明知持票人不是真正票据权利人，则不得向持票人付款，否则应自行承担责任。

（六）商业汇票的保证

票据保证，即票据债务人以外的第三人，以担保特定债务人履行票据债务为目的，而在票据上所为的一种附属票据行为。

1. 保证的当事人

保证的当事人为保证人与被保证人。商业汇票的债务可以由保证人承担保证责任。保证应由汇票债务人以外的，为票据债务的履行提供担保而参与票据关系中的第三人。已成为票据债务人的，不得再充当票据上的保证人。

2. 保证的格式

票据保证必须作成于汇票或粘单之上。为出票人、承兑人保证的，应记载于汇票的正面；为背书人保证的，则应记载于汇票的背面或者粘单上。

保证人必须在汇票或粘单上记载下列事项：①表明"保证"的字样；②保证人名称和住所；③被保证人的名称；④保证日期；⑤保证人签章。

票据保证的绝对记载事项包括保证文句和保证人签章两项。

3. 保证的效力

（1）保证人的责任。被保证的票据，保证人和被保证人对持票人承担连带责任。汇票到期后得不到付款的，持票人有权向保证人请求付款，保证人应当足额支付。

（2）共同保证人的责任。保证人为两人以上时，保证人之间承担连带责任。

（3）保证人的追索权。保证人清偿汇票债务后，可以行使持票人对被保证人及其前手的追索权。

●**题型分析**

1. 单项选择题

【例】A公司因购买电脑一批，于2014年1月1日向B公司开出一张10万元的银行承兑汇票。该汇票为见票后3个月付款，B公司应于（　　）之前向A公司的开户银行提示承兑。

A. 2月1日　　　　B. 3月1日

C. 4月1日　　　　D. 7月1日

【答案】A

【解析】见票后定期付款的汇票，持票人应当自出票日起1个月内提示承兑。

2. 多项选择题

【例】商业汇票的绝对记载事项有（　　），欠缺则商业汇票无效。

A. 表明"商业承兑汇票"或"银行承兑汇票"字样

B. 确定的金额

C. 无条件支付的委托

D. 出票人的签章

【答案】ABCD

【解析】签发商业汇票必须记载下列事项，欠缺记载下列事项之一的商业汇票无效：表明商业承兑汇票或银行承兑汇票的字样；无条件支付的委托；确定的金额；付款人名称；收款人名称；出票日期；出票人签章。

3. 判断题

【例】在银行开立存款账户的法人以及其他组织之间，必须具有真实的交易关系或债权债务关系，才能使用商业汇票。（　　）

【答案】√

【解析】此为《支付结算办法》第七十四条的规定。

【考点 17】银行汇票

（一）银行汇票的概念和适用范围

银行汇票是由出票银行签发的，在见票时按照实际结算金额无条件支付给收款人或者持票人的票据。单位和个人在异地、同城或同一票据交换区域的各种款项结算，均可使用银行汇票。

（二）银行汇票的记载事项

1. 银行汇票的绝对记载事项有七个：

（1）表明"银行汇票"的字样；

（2）无条件支付的承诺；

（3）确定的金额；

（4）付款人名称；

（5）收款人名称；

（6）出票日期；

（7）出票人签章。

汇票上未记载上述事项之一的，汇票无效。

汇票上记载的金额必须是确定的数字，如果金额不确定，汇票无效。银行汇票记载的金额有汇票金额和实际结算金额之分。汇票金额是指汇票出票时应该记载的确定的金额；实际结算金额是指不超过汇票金额，而另外记载的具体结算金额。如果银行汇票记载汇票金额而未记载实际结算金额，并不影响该汇票的效力，如果实际结算金额大于汇票金额的，实际结算金额无效，以汇票金额为付款金额。

2. 银行汇票的相对记载事项有三个：

（1）付款日期；

（2）付款地；

（3）出票地。

相对记载事项也是银行汇票必须记载的内容，但是，相对记载事项未在汇票上记载，并不影响汇票本身的效力，汇票仍然有效。未记载事项可以通过法律的直接规定来补充确定。

（三）银行汇票的基本规定

1. 银行汇票可以用于转账，标明现金字样的"银行汇票"也可以提取现金。

2. 银行汇票的付款人为银行汇票的出票银行，银行汇票的付款地为代理付款人或出票人所在地。

3. 银行汇票的出票人在票据上的签章，应为经中国人民银行批准使用的该银行汇票专用章加其法定代表人或其授权经办人的签名或者盖章。

4. 银行汇票的提示付款期限自出票日起一个月内。持票人超过付款期限提示付款的，代理付款人（银行）不予受理。

5. 银行汇票可以背书转让，但填明"现金"字样的银行汇票不得背书转让。银行汇票的背书转让以不超过出票金额的实际结算金额为准。未填写实际结算金额或实际结算金额超过出票金额的银行汇票不得背书转让。

6. 填明"现金"字样和代理付款人的银行汇票丧失，可以由失票人通知付款人或者代理付款人挂失止付。

7. 银行汇票丧失，失票人可以凭人民法院出具的其享有票据权利的证明，向出票银行请求付款或退款。

（四）银行汇票申办和兑付的基本规定

1. 收款人受理银行汇票依法审查无误后，应在出票金额以内，根据实际需要的款项办理结算，并将实际结算金额和多余金额填入银行汇票和解讫通知的有关栏内。未填明实际结算金额和多余金额或实际结算金额超过出票金额的，银行不予受理。银行汇票的实际结算金额不得更改，更改实际结算金额的银行汇票无效。

2. 持票人向银行提示付款时，必须同时提交银行汇票和解讫通知，缺少任何一联，银行不予受理。

持票人超过提示付款期限向代理付款银行提示付款不获付款的，必须在票据权利时效内向出票银行作出说明，并提供本人身份证件或单位证明，持银行汇票和解讫通知向出票银行请求付款。

【考点 18】银行本票

（一）银行本票的概念

银行本票是出票人签发的，承诺自己在见票时无条件支付确定的金额给收款人或者持票人的票据。

（二）银行本票的适用范围

单位和个人在同一票据交换区域需要支付的各种款项，均可以使用银行本票。银行本票可以用于转账，注明"现金"字样的银行本票可以用于支取现金。

（三）银行本票的记载事项

银行本票必须记载下列事项：表明"银行本票"的字样；无条件支付的承诺；确定的金额；收款人名称；出票日期；出票人签章。欠缺记载任何一项的银行本票均为无效。

申请人或收款人为单位的，不得申请签发现金银行本票。

在我国银行本票均为记名本票，不存在无记名本票。

（四）银行本票的提示付款期限

银行本票的提示付款期限自出票日起最长不得超过 2 个月。持票人超过付款期限提示付款的，代理付款人不予受理。银行本票的代理付款人是代理出票银行审核支付银行本票款项的银行。

本票的持票人未按照规定期限提示见票的，丧失对出票人以外的前手的追索权。

●**题型分析**

1. 单项选择题

【例】根据《票据法》规定，银行本票的提示付款期限是

（   ）。

  A. 自出票之日起 1 个月 B. 自出票之日起 2 个月

  C. 自票据到期日起 10 日 D. 自出票之日起 10 天

【答案】B

【解析】A 为银行汇票的提示付款期限；D 为支票的提示付款期限。B 的说法是正确的。

2. 多项选择题

【例】我国《票据法》规定的汇票包括的票据有（   ）。

  A. 个人签发的汇票 B. 银行汇票

  C. 商业承兑汇票   D. 银行承兑汇票

【答案】BCD

【解析】我国的汇票只适合单位之间的结算，个人不能签发汇票。

3. 判断题

【例】就付款期限而言，支票、银行汇票和银行本票都是见票即付的。   （   ）

【答案】√

【解析】这就是支票、银行汇票、银行本票与商业汇票在付款期限上的区别所在。

第五节　银行卡

【考点 19】银行卡的概念与分类

（一）银行卡的概念

银行卡是指经批准由商业银行（含邮政金融机构）向社会发行的具有消费信用、转账结算、存取现金等全部或部分功能的信用支付工具。

20世纪70年代以来，由于科学技术的飞速发展，特别是电子计算机的运用，使银行卡（Bank Card）的使用范围不断扩大。这不仅减少了现金和支票的流通，而且使银行业务由于突破了时间和空间的限制而发生了根本性变化。银行卡自动结算系统的运用，使一个"无支票、无现金社会"的到来将成为现实。

（二）银行卡的分类

1. 按照发行主体是否在境内分为境内卡和境外卡

境内卡是由境内的商业银行发行的银行卡；境外卡是指由境外设立的外资金融机构或外资非金融机构发行的银行卡。

2. 按照是否给予持卡人授信额度分为信用卡和借记卡

信用卡是商业银行向个人和单位发行的，凭此向特约单位购物、消费和向银行存取现金，且具有消费信用的特质载体卡片。信用卡按照是否向发卡银行交存备用金分为贷记卡和准贷记卡。贷记卡是指发卡银行给予持卡人一定信用额度，持卡人可在信用额度内先消费、后还款的信用卡。贷记卡持卡人非现金交易可以享受最长60天的免息还款期和最低还款额待遇。准贷记卡是指持卡人须先按发卡银行要求交存一定金额的备用金，当备用金账户余额不足支付时，可在发卡银行规定的信用额度内透支的信用卡。

借记卡是指发卡银行向持卡人签发的，没有信用额度，须先存款、后使用的银行卡。借记卡不能透支，卡内的金额按活期存款计付利息。借记卡按功能不同分为转账卡、专用卡、储值卡。转账卡是实时扣账的借记卡，具有转账结算、存取现金和消费功能。专用卡是具有专门用途（百货、餐饮、饭店、娱乐行业以外的用途）、在特定区域使用的借记卡，具有转账结算、存取现金功能。储值卡是发卡银行根据持卡人要求将其资金转至卡内储存，交易时直接从卡内扣款的预付钱包式借记卡。

3. 按照账户币种的不同分为人民币卡、外币卡和双币种卡

人民币卡和外币卡的区别在于存款和信用额度的币种是人民

币还是人民币以外的货币。双币卡是我国现行外汇管制下的过渡期产物，是指国内很多银行发行的一种拥有两个币种结算账户，即人民币和外币账户，且具有银联和另外一种国际银行卡组织标识的银行卡。

此外，按信息载体不同可分为磁条卡和芯片（IC）卡。

【考点20】 银行卡账户与交易

（一）银行卡交易的基本规定

1. 单位人民币卡可办理商品交易和劳务供应款项的结算，但不得透支。单位卡不得支取现金。

2. 发卡银行对贷记卡的取现应当每笔进行授权，每卡每日累计取现不得超过限定额度（2 000元人民币）。发卡人应当对持卡人在自动柜员机（ATM）取款设定交易上限，每卡每日累计提款不得超过2万元人民币。

3. 发卡银行应当依照法律规定遵守信用卡业务风险控制指标。

（1）同一持卡人单笔透支发生额个人卡不得超过2万元（含等值外币）、单位卡不得超过5万元（含等值外币）。

（2）同一账户透支余额个人卡不得超过5万元（含等值外币），单位卡不得超过发卡银行对该单位综合授信额度的3%。无综合授信额度可参照的单位，其月透支余额不得超过10万元（含等值外币）。

（3）外币卡的透支额度不得超过持卡人保证金（含储蓄存单质押金额）的80%。

4. 准贷记卡的透支期限最长为60天。贷记卡的首月最低还款额不得低于其当月透支余额的10%。

5. 发卡银行通过下列途径追偿透支款项和诈骗款项：

（1）扣减持卡人保证金、依法处理抵押物和质押物；

（2）向保证人追索透支款项；

（3）通过司法机关的诉讼程序进行追偿。

（二）银行卡的资金来源

单位卡账户的资金，一律从其基本存款账户转账存入，不得交存现金，不得将销货收入的款项存入其账户。

个人卡在使用过程中，需要向其账户续存资金的，只限于其持有的现金存入和工资性款项以及属于个人的劳务报酬收入转账存入。严禁将单位的款项存入个人卡账户。

（三）银行卡的计息和收费

1. 计息

（1）发卡银行对准贷记卡及借记卡（不含储值卡）账户内的存款，按照中国人民银行规定的同期同档次存款利率及计息办法计付利息。

（2）发卡银行对贷记卡账户的存款、储值卡（含 IC 卡的电子钱包）内的币值不计付利息。

（3）贷记卡持卡人非现金交易享受如下优惠条件：

第一，免息还款期待遇。银行记账日至发卡行规定的到期还款日之间为免息还款期。最长为 60 天。

第二，最低还款额待遇。持卡人在到期还款日前偿还所使用全部银行款项有困难的，可按发卡行规定的最低还款额还款。

贷记卡选择最低还款或超过批准的信用额度用卡，不得享受免息还款期待遇。贷记卡支取现金、准贷记卡透支，不享受免息还款期和最低还款额待遇。贷记卡透支按月计收复利，准贷记卡按月计收单利。透支利率为日利率万分之五。

2. 收费

收费是指商业银行办理银行卡收单业务向商户收取结算手续费。

2013 年 2 月 25 日起，发改委下调银行卡刷卡手续费，按照餐娱类（0.9%）、一般类（0.55%）、民生类（0.26%）和公益类（0）划分四档标准收取结算手续费。

（四）银行卡申领、注销和挂失

1. 银行卡的申领

凡在中国境内金融机构开立基本存款账户的单位，可凭中国人民银行核发的开户许可证申领单位卡。单位卡可申领若干张，持卡人资格由申领单位法定代表人或其委托的代理人书面指定和注销。凡具有完全民事行为能力的公民，可凭本人有效身份证件及发卡银行规定的相关证明文件申领个人卡。个人卡的主卡持卡人，可为其配偶及年满18周岁的亲属申领附属卡，申领的附属卡最多不得超过两张，也有权要求注销其附属卡。

2. 银行卡的注销

持卡人在还清全部交易款项、透支本息和有关费用后，有下列情形之一的，可申请办理销户：①信用卡有效期满45天后，持卡人不更换新卡的；②信用卡挂失满45天后，没有附属卡又不更换新卡的；③信用卡被列入止付名单，发卡银行已收回其信用卡45天的；④持卡人死亡，发卡银行已收回其信用卡45天的；⑤持卡人要求销户或担保人撤销担保，并已交回全部信用卡45天的；⑥信用卡账户两年（含）以上未发生交易的；⑦持卡人违反其他规定，发卡银行认为应该取消资格的。

销户时，单位卡账户余额转入其基本存款账户，不得提取现金。个人卡账户可以转账结清，也可以提取现金。

3. 银行卡的挂失

持卡人丧失银行卡，应立即持本人身份证件或其他有效证明，并按规定提供有关情况，向发卡银行或代办银行申请挂失。

●题型分析

1. 单项选择题

【例】下列不属于持卡人还清透支本息后，可以办理销户的情形的是（　　　）。

  A. 信用卡有效期满 45 天后，持卡人不更换新卡的

  B. 信用卡被列入止付名单，发卡银行已收回其信用卡满 45 天的

  C. 信用卡账户一年（含）以上未发生交易的

  D. 持卡人死亡，发卡银行已收回其信用卡 45 天的

【答案】C

【解析】信用卡账户两年（含）以上未发生交易的，持卡人还清透支本息后，可以办理销户。

2. 多项选择题

【例】下列关于信用卡持卡人说法正确的有（　　　）。

  A. 凡在中国境内金融机构开立基本存款账户的单位可申领单位卡

  B. 凡具有完全民事行为能力的公民可申领个人卡

  C. 单位卡可申领若干张

  D. 个人卡最多可申领不超过两张

【答案】ABC

【解析】个人卡的申领张数，法律没有规定。根据《支付结算办法》个人卡的主卡持卡人可为配偶及年满 18 周岁的亲属申领附属卡，申领的附属卡最多不得超过两张。

3. 判断题

【例】持有单位卡的信用卡用户不能向单位卡账户交存现金，但可以从单位卡账户支取现金。　　　　　　　　　（　　　）

【答案】×

【解析】单位卡一律不得支取现金。

第六节　其他结算方式

【考点21】汇兑

（一）汇兑的概念和分类

汇兑是汇款人委托银行将其款项支付给收款人的结算方式。单位和个人的各种款项的结算，均可使用汇兑结算方式。汇兑分为电汇和信汇两种，由汇款人选择使用。

汇兑结算适用于各种经济业务的异地提现和结算。

（二）办理汇兑的程序

1. 签发汇兑凭证

签发汇兑凭证必须记载的事项，如果欠缺其中之一的，银行不予受理：表明"信汇"或"电汇"字样；无条件支付的委托；确定的金额；收款人名称；汇款人名称；汇入地点、汇入行名称；汇出地点、汇出行名称；委托日期；汇款人签章。

汇兑凭证记载的汇款人名称、收款人名称，其中银行开立存款账户的，必须记载其账号，否则，银行不予受理。委托日期是指汇款人向汇出银行提交汇兑凭证的当日。

汇兑凭证上记载收款人为个人的，收款人需要到汇入银行领取汇款，汇款人应在汇兑凭证上注明"留行待取"字样。汇款人确定不得转汇的，应在汇兑凭证备注栏注明"不得转汇"字样。

汇款人和收款人均为个人，需要在汇入银行支取现金的，应在信、电汇凭证的汇款金额大写栏，先填写"现金"字样，后填写汇票金额。

2. 银行受理

汇出银行受理汇款人签发的汇兑凭证，经审查无误后，应及时向汇入银行办理汇款，并向汇款人签发汇款回单。汇款回单只能作为汇出银行受理汇款的依据，不能作为该笔汇款已转入收款人账户的证明。

3. 汇入处理

汇入银行对开立存款账户的收款人，应会把给他的款项直接转入其账户中，并向其发出收款通知。收款通知是银行已将款项确已汇入收款人账户的凭据。未在银行开立存款账户的收款人，凭信、电汇的取款通知或留行待取的，向汇入银行支取款项，必须交验本人的身份证件，在信、电汇凭证上注明证件名称、号码和发证机关，并在"收款人签盖章"处签章；信汇凭签章支取的，收款人的签章必须与预留信汇凭证上的签章相符。银行审核无误后，以收款人的姓名开立应解汇款及临时存款账户，该账户只付不收，付完清户，不计付利息。

支取现金的，信、电汇凭证上必须有按规定填明的"现金"字样，才能办理。未填明现金字样，需要支取现金的，由汇入银行按照国家现金管理规定审查支付。

转账支付的，该账户的款项只能转入单位或个体工商户的存款账户，严禁转入储蓄和信用卡账户。

转汇的收款人必须是原收款人。原汇入银行必须在信、电汇凭证上加盖"转汇"戳记。

（三）汇兑的撤销和退汇

1. 汇款人对汇出银行尚未汇出的款项可以申请撤销。申请撤销时，应出具正式函件或本人身份证件及原信、电汇回单。汇出银行查明确未汇出款项的，收回原信、电汇回单，方可办理撤销。

2. 汇款人对汇出银行已经汇出的款项可以申请退汇。

对在汇入银行开立存款账户的收款人，由汇款人与收款人自行联系退汇；对未在汇入银行开立存款账户的收款人，汇款人应出具正式函件或本人身份证件以及原信、电汇回单，由汇出银行通知汇入银行，经汇入银行核实汇款确未支付，并将款项汇回汇出银行，方可办理退汇。

转汇银行不得受理汇款人或汇出银行对汇款的撤销或退汇。

汇入银行主动退汇：收款人拒绝接受的汇款；向收款人发出取款通知后2个月无法支付的汇款。

● **题型分析**

1. 单项选择题

【例】汇入银行向收款人发出取款通知，经过（　　）无法交付的汇款，应主动办理退汇。

　　A. 1个月　　　　　　　　B. 2个月
　　C. 3个月　　　　　　　　D. 4个月

【答案】B

【解析】汇入银行向收款人发出取款通知，经过2个月无法交付的汇款，应主动办理退汇。

2. 多项选择题

【例】下列关于汇兑的说法，正确的有（　　）。

　　A. 单位和个人的各种款项结算，均可使用汇兑结算方式
　　B. 汇兑凭证上记载收款人为个人的，收款人需要到汇入银行领取汇款的，汇款人应在汇兑凭证上注明"留行待取"字样
　　C. 汇款人对汇出银行尚未汇出的款项可以申请退汇
　　D. 转汇银行不得受理汇款人或汇出银行对汇款的撤销或退汇

【答案】ABD

【解析】汇款人对汇出银行尚未汇出的款项可以申请撤销，汇款人对汇出银行已经汇出的款项可以申请退汇。

3. 判断题

【例】汇款回单是银行将款项已收入收款人账户的凭据。

　　　　　　　　　　　　　　　　　　　　　　（　　）

【答案】×

【解析】汇款回单只能作为汇出银行受理汇款的依据，不能作为该笔汇款已转入收款人账户的证明。

【考点22】委托收款

（一）委托收款的概念

委托收款是指收款人委托银行向付款人收取款项的结算方式。

单位和个人凭已承兑的商业汇票、债券、存单等付款人债务证明办理款项的结算，均可以使用委托收款结算方式。委托收款在同城、异地均可以使用，其结算款项的划回方式分为邮寄和电报两种，由收款人选用。

（二）委托收款的记载事项

委托收款的记载事项包括：①表明"委托收款"的字样；②确定的金额；③付款人名称；④收款人名称；⑤委托收款凭据名称及附寄单证张数；⑥委托日期；⑦收款人签章。

欠缺记载上述事项之一的，银行不予受理。

（三）委托收款的结算规定

1. 委托收款办理方法

（1）委托。收款人办理委托收款应向银行提交委托收款凭证和有关债务证明。

（2）付款。银行收到寄来的委托收款凭证及债务证明，审查无误后办理付款。

以银行为付款人的，银行应在当日将款项主动支付给收款人。

以单位为付款人的，银行通知付款人后，付款人应于接到通知当日书面通知银行付款。付款人未在接到通知日的次日起3日内通知银行付款的，视同付款人同意付款，银行应于付款人接到通知日起第 4 日上午开始营业时，将款项划给收款人。

银行在办理划款时，付款人存款账户不能足额支付的，应通过被委托银行向收款人发出未付款项通知书。

2. 委托收款的注意事项

（1）付款人审查有关债务证明后，对收款人委托收取的款项需要拒绝付款的，有权提出拒绝付款。

（2）在同城范围内，收款人收取公共事业费或根据国务院的规定，可以使用同城特约委托收款。收款人收取公用事业费，必须具有收付双方事先签订的经济合同，由付款人向开户银行授权，并经开户银行同意，报经中国人民银行当地分支行批准，可以使用同城特约委托收款。

●题型分析

【考点 23】 托收承付

（一）托收承付的概念

托收承付是指根据购销合同由收款人发货后委托银行向异地付款人收取款项，由付款人向银行承付的结算方式。

使用托收承付结算方式的收款单位和付款单位，必须是国有企业、供销合作社以及经营管理较好，并经开户银行审查同意的城乡集体所有制工业企业。

办理托收承付结算的款项，必须是商品交易以及因商品交易而产生的劳务供应的款项。代销、寄销、赊销商品的款项不得办理托收承付结算。

托收承付结算每笔的金额起点为 1 万元，新华书店系统每笔的金额起点为 1 千元。

（二）托收承付的结算规定

托收承付凭证记载事项有：①表明"托收承付"的字样；②确定的金额；③付款人的名称和账号；④收款人的名称和账

号；⑤付款人的开户银行名称；⑥收款人的开户银行名称；⑦托收附寄单证张数或册数；⑧合同名称、号码；⑨委托日期；⑩收款人签章。

托收承付凭证上欠缺记载上列事项之一的，银行不予受理。

收付双方使用托收承付结算方式必须签有符合《合同法》的购销合同，并在合同上订明使用托收承付结算款项的划回方法，分为邮寄和电报，由收款人选用。

（三）托收承付的办理方法

1. 托收

收款人按照签订的购销合同发货后，应将托收凭证并附发运凭证或其他符合托收承付结算的有关证明和交易单证送交银行，委托银行办理托收。

收款人开户银行接到托收凭证及其附件后，应当按照托收的范围、条件和托收凭证记载的要求认真进行审查，必要时，还应查验付款人签订的购销合同。凡不符合要求或违反购销合同发货的，不能办理。

2. 承付

付款人开户银行受到托收凭证及其附件后，应当及时通知付款人。付款人应在承付期内审查核对，安排资金。

购货单位承付货款有验单承付和验货承付两种方式，由收付双方商量选用，并在合同中明确规定。验单承付期为 3 天，从购货单位开户银行发出通知的次日算起（承付期内遇法定节假日顺延）。验货付款的承付期为 10 天，从运输部门向付款人发出提货通知的次日算起，付款人在承付期内，未向银行表示拒绝付款，银行即视作承付，在承付期满的次日上午将款项划给收款人。

3. 办理托收承付中还需注意的其他问题

（1）逾期付款。付款人在承付期满日银行营业终了时，如无足够资金支付，不足部分，即为逾期未付的款项，按逾期付款处理。付款人开户银行应当根据逾期付款金额和逾期天数，按每天万分之五计算逾期付款赔偿金。

（2）付款人开户银行对不执行合同规定，三次拖欠货款的付款人，应当通知收款人开户银行转知收款人，停止对该付款人办理托收。收款人不听劝告的，付款人开户银行有权拒绝受理。

（3）拒绝付款。出现法律规定的拒绝付款情况的，付款人在承付期内，可向银行提出全部或部分拒绝付款。比如：没有签订购销合同或购销合同未订明托收承付结算方式的款项；发现所列货物的品种、规格、数量、价格与合同规定不符，或货物已到，经查验货物与合同规定或发货清单不符的款项等。

【考点 24】 国内信用证

（一）国内信用证的概念

国内信用证（简称信用证）是适用于国内贸易的一种支付结算方式，是开证银行依照申请人（购货方）的申请向受益人（销货方）开出的有一定金额、在一定期限内凭信用证规定的单据支付款项的书面承诺。

我国信用证为不可撤销、不可转让的跟单信用证。不可撤销信用证，是指信用证开具后在有效期内，非经信用证各有关当事人（即开证银行、开证申请人和受益人）的同意，开证银行不得修改或者撤销的信用证。不可转让信用证，是指受益人不能将信用证的权利转让给他人的信用证。

（二）国内信用证的结算方式

国内信用证结算方式只适用于国内企业之间商品交易产生的货款结算，并且只能用于转账结算，不得支取现金。

（三）国内信用证的基本办理程序

1. 开证

（1）开证申请。开证申请人使用信用证时，应委托其开户银行办理开证业务。开证申请人申请办理开证业务时，应当填具开证申请书、信用证申请人承诺书并提交有关购销合同。

（2）受理开证。开证行根据申请人提交的开证申请书、信用证申请人承诺书及购销合同决定是否受理开证业务。开证行决定受理开证业务时，应向申请人收取不低于开证金额20%的保证金，并可根据申请人资信情况要求其提供抵押、质押或由其他金融机构出具保函。

2. 通知

通知行收到信用证审核无误后，应填制信用证通知书，连同信用证交付受益人。

3. 议付

议付，是指信用证指定的议付行在单证相符条件下，扣除议付利息后向受益人给付对价的行为。议付行必须是开证行指定的受益人开户行。议付仅限于延期付款信用证。

受益人可以在交单期或信用证有效期内向议付行提示单据、信用证正本及信用证通知书，并填制信用证议付／委托收款申请书和议付凭证，请求议付。议付行审核受益人提示的单据后，同意议付的，办理议付。拒绝议付的，应及时作出书面议付通知，注明拒绝议付理由，通知受益人。议付行可以根据受益人的要求不作议付，仅为其办理委托收款。

议付行议付后，应将单据寄开证行索偿资金。议付行议付信用证后，对受益人具有追索权。到期不获付款的，议付行可从受益人账户收取议付金额。

4. 付款

开证行对议付行寄交的凭证、单据等审核无误后，对即期付款信用证，从申请人账户收取款项支付给受益人；对延期付款信用证，应向议付行或受益人发出到期付款确认书，并于到期日从申请人账户收取款项支付给议付行或受益人。

申请人交存的保证金和其存款账户余额不足支付的，开证行仍应在规定的付款时间内进行付款。对不足支付的部分作逾期贷款处理。

● 题型分析

1. 单项选择题

【例】A公司委托B银行向C公司收取款项，C公司开户银行在债务证明到期日办理划款时，发现C公司存款账户不足以支付款项，可以采取的措施是（ ）。

    A. 直接向A公司出具拒绝支付证明

    B. 应通过B银行向A公司发出未付款项通知书

    C. 先按委托收款凭证及债务证明表明的金额向A公司付款，然后向C公司追索

    D. 应通知C公司存足相应款项，如果C公司在规定时间内未存足款项的，再向B银行出具拒绝支付证明

【答案】B

【解析】办理委托收款的，银行在办理划款时，付款人存款账户不能足额支付的，应通过被委托银行向收款人发出未付款项通知书。

2. 多项选择题

【例】根据《支付结算办法》的规定，办理托收承付的收付双方必须具备的条件包括（ ）。

    A. 国有企业

    B. 签有合法的购销合同

    C. 在合同中订明使用托收承付的结算方式

    D. 约定采取验货付款的方式

【答案】BC

【解析】办理托收承付必须具备的条件之一就是收付双方必须有符合《合同法》规定的购销合同，并在合同中订明使用托收

承付结算方式。A 和 D 的说法不完整。

3. 判断题

【例】信用证结算方式适用于国内企业之间各种款项的结算，但不得支取现金。 （ ）

【答案】×

【解析】信用证结算方式只适用于商品交易产生的货款结算。

● 考点训练

一、单项选择题

1. 根据《支付结算办法》的规定，出票日期为"4 月 20 日"支票的中文大写应为（ ）。

    A. 零肆月零贰拾日   B. 零肆月贰拾日

    C. 肆月零贰拾日   D. 肆月贰拾日

2. 根据《支付结算办法》的规定，下列各项中，票据有效的是（ ）。

    A. 更改出票日期的票据

    B. 更改金额的票据

    C. 更改收款人名称的票据

    D. 更改票据用途的票据

3. 出票银行签发的由其在见票时按照实际结算金额无条件付给收款人或持票人的票据是（ ）。

    A. 银行汇票   B. 银行本票

    C. 支票   D. 银行承兑汇票

4. 下列各项中，不属于票据基本当时人的是（ ）。

    A. 出票人   B. 收款人

    C. 付款人   D. 保证人

5. 根据《票据法》的规定，下列关于支票的说法正确的是（ ）。

  A. 支票不可以背书转让

  B. 支票的提示付款期限为出票日起1个月

  C. 支票的金额可以由出票人授权补记

  D. 持票人提示付款时，支票的出票人账户金额不足的，银行应先向持票人支付票款

6. 票据金额以中文大写和阿拉伯数码同时记载，二者必须一致，二者不一致的（ ）。

  A. 票据无效

  B. 以中文大写为准

  C. 以阿拉伯数码为准

  D. 以中文大写和阿拉伯数码金额较小的为准

7. 符合开立一般存款账户条件的，银行办理开户手续，并于开户之日起（ ）个工作日内向中国人民银行当地分支行备案。

  A. 3   B. 5

  C. 7   D. 10

8. 存款人银行结算账户有法定变更事项的，应于（ ）内提供有关证明，并书面通知开户银行。

  A. 2日   B. 5日

  C. 10日   D. 15日

9. 商业汇票的最长支付期限为（ ）。

  A. 1个月   B. 2个月

  C. 3个月   D. 6个月

10. 下列企业中，可以在银行办理托收承付结算方式的是（ ）。

  A. 个人独资企业   B. 合伙企业

C. 私营股份有限公司　　D. 国有独资企业

二、多项选择题

1. 下列各项中，属于支付结算方式的有（　　）。
　　A. 银行卡　　　　　　　B. 汇兑
　　C. 国内信用证　　　　　D. 托收承付

2. 存款人有下列情况的，可以申请开立个人银行结算账户的有（　　）。
　　A. 使用支票、信用卡等信用支付工具的
　　B. 办理汇兑、定期借记、定期贷记、借记卡等结算业务的
　　C. 证券交易结算资金
　　D. 住房基金

3. 下列各项中，属于违反支付结算规定的行为有（　　）。
　　A. 企业法人内部独立核算的单位以自己的名义开立基本存款账户
　　B. 单位签发没有真实债权债务关系的商业承兑汇票
　　C. 单位签发没有资金保证的支票
　　D. 银行办理空头汇款

4. 下列选项中，属于变造票据的有（　　）。
　　A. 变造票据金额
　　B. 变造票据上的到期日
　　C. 变造票据上的签章
　　D. 变造票据的付款日期

5. 下列事项中，存款人应当撤销其银行结算账户的有（　　）。
　　A. 公司由于季节性原因暂停营业
　　B. 公司被工商部门吊销营业执照
　　C. 公司宣告破产

D. 公司由成都搬迁到重庆

6. 下列银行结算账户中，需要报中国人民银行当地分支行核准后方可办理开户手续的有（　　）。

A. 个人银行结算账户

B. 基本存款账户

C. 一般存款账户

D. 预算单位专用存款账户

7. 根据《票据法》规定，下列票据中，需要提示承兑的有（　　）。

A. 见票后定期付款的汇票

B. 见票即付的汇票

C. 定日付款的汇票

D. 出票后定期付款的汇票

8. 关于票据签章人的表述，正确的有（　　）。

A. 出票时，由出票人签章

B. 背书时，由背书人签章

C. 承兑时，由承兑人签章

D. 保证时，由被保证人签章

9. 存款人伪造、变造证明文件欺骗银行开立银行结算账户的，对经营性存款人应给予（　　）的处罚。

A. 给予警告

B. 处以1万元以上3万元以下的罚款

C. 处以5 000元以上3万元以下的罚款

D. 构成犯罪的，移交司法机关追究刑事责任

10. 下列有关基本存款账户的表述，符合我国法律规定的有（　　）。

A. 一个单位只能有一个基本存款账户

B. 工资、奖金的支付只能通过基本存款账户进行

    C. 开立基本存款账户必须取得中国人民银行核发的开户许可证

    D. 基本建设资金必须存入基本存款账户

三、判断题

1. 商业承兑汇票既可以由付款人签发，也可以由收款人签发，但银行承兑汇票只能由付款人签发。　　　　（　）

2. 在基本存款账户、一般存款账户、临时存款账户和专用存款账户中，只有基本存款账户可以支取现金。　　（　）

3. 出票、背书和承兑是各种票据共有的票据行为。　（　）

4. 委托收款结算方式仅限异地结算使用，同城不能使用。
　　　　　　　　　　　　　　　　　　　　　　（　）

5. 商业承兑汇票的持票人如果未按照规定时间向付款人提示承兑的，丧失对出票人的追索权。　　　　　　（　）

6. 个人不能通过托收承付结算方式进行结算。　（　）

7. 票据背书附有条件的，所附条件不具有票据上的效力。
　　　　　　　　　　　　　　　　　　　　　　（　）

8. 单位的工资、奖金等现金的支取可以通过一般存款账户办理。　　　　　　　　　　　　　　　　　　　（　）

9. 准贷记卡和贷记卡不同的是，准贷记卡没有透支功能。
　　　　　　　　　　　　　　　　　　　　　　（　）

10. 一家单位可以在一到两家银行开立基本存款账户。
　　　　　　　　　　　　　　　　　　　　　　（　）

● 参考答案

一、单项选择题

1	2	3	4	5	6	7	8	9	10
C	D	A	D	C	A	B	B	D	D

二、多项选择题

1	2	3	4	5	6	7	8	9	10
ABCD	AB	BCD	ABD	BCD	BD	ACD	ABC	ABD	ABC

三、判断题

1	2	3	4	5	6	7	8	9	10
√	×	×	×	×	√	√	×	×	×

第三章 税收法律制度

● 考点概览

第三章 税收法律制度	基本概念	理论问题	计算问题	业务处理 问题
第一节 税收 概述	税收；税法；征 税对象；计税依 据；税率	税收的作用、特征、分 类；税法的分类；税法 的构成要素；税率的种 类；减免税的内容	从价计征； 从量计征； 复合计征	
第二节 主要 税种	增值税；一般纳 税人；小规模纳 税人；消费税； 营业税；企业所 得税；个人所 得税	增值税的类型、税率、 小规模纳税人的认定标 准；消费税、营业税的 税目与税率；企业所得 税的征税对象、不得扣 除的项目；个人所得税 的税率、自行申报纳 税、代扣代缴的范围	增值税、消 费税、营业 税、企业所 得税、个人 所得税应纳 税额的计算	增 值 税、 消 费 税、 营 业 税、 企业所得 税、个人 所得税的 征收管理
第三节 税收 征收管理	税收征收管理； 税务登记；发 票；纳税申报； 税款征收；查账 征收、查定征 收、查验征收、 定期定额征收、 代收代缴、代扣 代缴、委托征 收；税务代理； 税务检查	税务登记种类；发票的 种类；纳税申报的方 式；税款征收方式及其 区别；税务代理的特 点；税收保全措施、税 收强制执行；税务检查 的内容；税务检查的职 责与权限；税务违法行 政处罚种类、刑事处罚 的情形；税务行政复议 机关		税务登记 中的时间 要求；发 票的开具 要求

● 考点分析

第一节　税收概述

【考点 1】税收的概念与分类

（一）税收概念与作用

1. 税收的概念

税收是国家为了满足一般的社会共同需要，凭借政治的权力，按照国家法律规定的标准，强制地、无偿地取得财政收入的一种分配形式。

2. 税收的作用

税收具有组织收入、调节经济、维护国家政权和国家利益等方面的重要作用。

（1）税收是国家组织财政收入的主要形式。税收组织财政收入的作用主要表现在三个方面：一是税收具有强制性、无偿性和固定性，因而能保证其收入的稳定；二是税收的按年、按季、按月征收，均匀入库，有利于财力调度，满足日常财政支出；三是税收的税源十分广泛，多税种、多税目、多层次、全方位的课税制度，能从多方面筹集财政收入。

（2）税收是国家调控经济运行的重要手段。经济决定税收，税收反作用于经济。国家通过税种的设置，以及加成征收或减免税等手段来影响社会成员的经济利益，改变社会财富分配状况，对资源配置和社会经济发展产生影响，调节社会生产、交换、分配和消费，从而达到调解经济运行的目的，促进社会经济健康发展。

（3）税收具有维护国家政权的作用。国家政权是税收产生和存在的必要条件，而国家政权的存在又有赖于税收的存在。同时，税收不是按照等价原则和所有权原则分配的，而是凭借政治权力对物质利益进行调节，从而达到巩固国家政权的政治目的。

（4）税收是国际经济交往中维护国家利益的可靠保证。在国际经济交往中，任何国家对本国境内从事生产经营的外国企业和个人都拥有税收管辖权，这是国家权益的具体体现。

（二）税收的特征

税收具有强制性、无偿性和固定性三大特征。

（1）强制性。税收是国家以社会管理者身份，凭借政治权力，通过颁布法律或政令来进行强制征收。负有纳税义务的社会集团和社会成员，都必须遵守国家强制性的税收法令，依法纳税，否则就要受到法律制裁。

（2）无偿性。税收是国家凭借政治权力，将社会集团和社会成员的一部分收入归国家所有，国家不向原纳税人支付任何报酬或代价，也不再直接偿还给原来的纳税人。

（3）固定性。税收是按照国家法令预定的标准征收的，即征收对象、税目、税率、纳税义务人、计算纳税办法和期限等都是税收法规预先规定了的，有一个比较稳定的适用期限，是国家的一种固定的连续性收入。

（三）税收的分类

我国对税收的分类，依据不同的标准，通常有以下几种主要分类方法：

1. 按征税对象分类，可将全部税收划分为流转税类、所得税类、财产税类、资源税类和行为税类五种类型。

（1）流转税是以商品生产和商品流通和劳动服务的流转额为征税对象的一类税收。流转额包括两种，一是商品流转额，即商品交易的金额或数量；二是非商品流转额，即各种劳务收入或服务性业务收入的金额。我国现行的流转税主要包括增值税、消费税、营业税和关税等。

（2）所得税也称收益税，是以纳税人的各种收益额为征税对象的一类税收。所得税类税收属于终端税种，它体现了量能负担的原则，即所得多的多征，所得少的少征，无所得的不征。所得税类税收的特点是：征税对象不是一般收入，而是总收入减除准予扣除项目后的余额，即应纳税所得额，征税数额受成本、费用、利润高低的影响较大。现阶段我国所得税主要包括企业所得税、个人所得税等。

（3）财产税是以纳税人拥有的财产数量或财产价值为征税对象的一类税收。财产税类税收的特点是：税收负担与财产价值、数量关系密切，体现调节财富、合理分配的原则。我国现行的财产税主要包括房产税、城市房地产税、车船税、车船使用牌照税、船舶吨税、城镇土地使用税等。

（4）资源税是以自然资源和某些社会资源为征税对象的税收。其特点是：税负高低与资源级差收益水平关系密切，征税范围的选择比较灵活。

（5）行为税也称特定行为目的税。它是国家为了实现某种特定目的，以纳税人的某些特定行为为征税对象的一类税收。其特点是：征税的选择性较为明显，税种较多，具有较强的时效性。包括：印花税、车辆购置税、城市维护建设税、契税、耕地占用税等。

2. 按征收管理的分工体系分类，可分为工商税类、关税类。

（1）工商税类是我国现行税制的主体部分。该类税收由税务机关负责征收管理。主要包括：增值税、消费税、营业税、资源税、企业所得税、个人所得税、城市维护建设税、房产税、城市房地产税、车船税、车船使用牌照税、土地增值税、城镇土地使用税、印花税、车辆购置税等税种。

（2）关税类是国家授权海关以出入关境的货物和物品为征税对象的税收。主要包括：进出口关税、由海关代征的进口环节增值税、消费税和船舶吨位税。

3. 按照税收征收权限和收入支配权限分类，可分为中央税、地方税和中央地方共享税。

（1）中央税是指由中央政府征收和管理使用或者地方政府征税后全部划解中央，由中央所有和支配的税收。主要包括：关税、消费税（含进口环节由海关代征的部分）、海关代征的进口环节增值税等。

（2）地方税是指由地方政府征收、管理和支配的一类税收。主要包括：城镇土地使用税、耕地占用税、土地增值税、房产税、车船使用税、契税等。

（3）中央地方共享税是指税收收入由中央和地方按比例分享的税收。主要包括：增值税（不含进口环节增值税）、营业税、企业所得税、个人所得税。

4. 按照计税标准不同进行的分类，可分为从价税、从量税和复合税。

（1）从价税是指以征税对象的价值或价格为计税依据征收的一种税，一般采用比例税率和累进税率，税收负担比较合理。如我国现行的增值税、营业税、企业所得税、个人所得税等税种。

（2）从量税是指以征税对象的实物量作为计税依据征收的一种税，一般采用定额税率，如我国现行的车船使用税、土地使用税、消费税中的啤酒和黄酒等。

（4）复合税对征税对象采取从价和从量相结合的复合计税方法，如对卷烟、白酒征收的消费税。

●**题型分析**

1. 单项选择题

【例】下列各项中，属于流转税的是（　　　）。

A. 增值税　　　　　　B. 土地增值税

C. 印花税　　　　　　D. 企业所得税

【答案】A

【解析】流转税是以商品生产和商品流通和劳动服务的流转额为征税对象的一类税收。我国现行的流转税主要包括增值税、消费税、营业税和关税等。

2. 多项选择题

【例】下列关于税收的说法中，正确的有（　　　）

A. 负有纳税义务的社会集团和社会成员必须遵守国家强制性的税收法令，依法纳税

B. 税收的征税对象、税目、税率、纳税人、计算纳税办法和期限可以根据需要灵活调整

C. 税收具有强制性，无偿性和灵活性三大特征

D. 税收是将社会集团和社会成员的一部分收入收归国家所有，国家不向原纳税人支付任何报酬或代价，也不再偿还给原来的纳税人

【答案】AD

【解析】此题考核税收的特征。税收具有强制性、无偿性和固定性的三个特征。所以 BC 选项的说法违反了固定性的特征。

3. 判断题

【例】从价税是指以征税对象的实物量作为计税依据征收的一种税，一般采用定额税率，如资源税、城镇土地使用税。

（　　　）

【答案】×

【解析】这是从量税的概念误用。

【考点 2】税法及其构成要素

（一）税法的概念

税法是指税收法律制度，是国家权力机关和行政机关制定的

用以调整国家与纳税人之间在税收征纳方面的权利与义务关系的法律规范的总称，是国家法律的重要组成部分。

（二）税法的分类

1. 按税法的功能作用不同，分为税收实体法和税收程序法。

（1）税收实体法是规定税收法律关系主体的实体权利、义务的法律规范总称。税收实体法具体规定了各种税种的征收对象、征收范围、税目、税率等。如《企业所得税法》《个人所得税法》就属于实体法。

（2）税收程序法是税务管理方面的法律规范。税收程序法主要包括税收管理法、纳税程序法、发票管理法、税务机关组织法、税务争议处理法等。

2. 按照主权国家行使税收管辖权不同，分为国内税法、国际税法、外国税法。

（1）国内税法是指一国在其税收管辖权范围内，调整国家与纳税人之间权利义务关系的法律规范的总称，是由国家立法机关和经由授权或依法律规定的国家行政机关制定的法律、法规和规范性文件。

（2）国际税法是指两个或两个以上的课税权主体对跨国纳税人的跨国所得或财产征税形成的分配关系，并由此形成国与国之间的税收分配形式，主要包括双边或多边国家间的税收协定、条约和国际惯例。

（3）外国税法是指外国各个国家制定的税收法律制度。

3. 按税法法律级次不同，分为税收法律、税收行政法规、税收行政规章和税收规范性文件。

（1）税收法律（狭义的税法），由全国人民代表大会及其常务委员会制定。如《企业所得税法》《个人所得税法》《税收征收管理法》。

（2）税收行政法规，由国务院制定的有关税收方面的行政法规和规范性文件。

（3）税收规章和税收规范性文件，由国务院财税主管部门（财政部、国家税务总局、海关总署和国务院关税税则委员会）根据法律和国务院行政法规或者规范性文件的要求，在本部门权限范围内发布的有关税收事项的规章和规范性文件，包括命令、通知、公告、通告、批复、意见、函等文件形式。

（三）税法的构成要素

税法的构成要素，是指各种单行税法具有的共同的基本要素的总称。一般包括征税人、纳税义务人、征税对象、税目、税率、计税依据、纳税环节、纳税期限、纳税地点、减免税和法律责任等项目。其中，纳税义务人、征税对象、税率是构成税法的三个最基本的要素。

1. 征税人。征税人是指代表国家行使税收征管职权的各级税务机关和其他征收机关。因税种的不同，可能有不同的征税机关。如增值税的征税人是税务机关，关税的征税人是海关。

2. 纳税义务人，也称纳税人，是指税法规定的直接附有纳税义务的单位和个人。纳税义务人可以是自然人，也可以是法人或其他社会组织。纳税义务人是税收制度中区分不同税种的重要标志之一。因此，每个税种都应明确规定各自的纳税义务人。

3. 征税对象，又称课税对象，是指对什么征税，是税收法律关系中权利义务所指的对象。征税对象包括物和行为，它是区分不同类型税种的主要标志。不同的征税对象构成不同的税种。根据征税对象的不同，可分为对流转额征税、对所得额征税、对财产征税、对资源征税、对特定行为征税等。

4. 税目。税目是指税法中规定的征税对象的具体项目，是征税的具体根据，它规定了征税对象的具体范围，凡列入税目的即为应税项目，没有列入税目的，则不属于应税项目。制定税目的基本方法一般有两种：一是列举法，即按照每种商品或经营项目分别设置税目，必要时还可以在一个税目下设若干子目；二是概括法，即把性质相近的产品或项目归类设置税目，如按产品大类或行业设置税目等。

5. 税率。税率是指应纳税额与征税对象的比例或征收额度，它是计算税额的尺度。税率是税法的核心要素。

比例税率，是指对同一征税对象，不论其数量多少、数额大小，均按同一个比例征收的税率。如增值税、营业税、企业所得税、城市维护建设税。

定额税率，是指对单位征税对象规定的税额，而不采用百分比的形式。它适用于从量计征的税种，如资源税、车船税等。

累进税率，是按征税物件数额的大小，划分为几个等级，各定一个税率递增征税，数额越大税率越高。累进税率分为全额累进税率、超额累进税率（个人所得税）、超率累进税率（土地增值税）。

全额累进税率是把征税对象的数额分为若干级，确定不同等级的税率，按征税对象的全部数额达到哪一级，就按哪一级的税率征收。超额累进税率是指把征税对象按数额的大小划分为若干个等级，每一等级规定一个税率，税率依次提高，但每一纳税人的征税对象则依所属等级同时适用几个税率分别计算，将计算结果相加后得出应纳税款。目前采用这种税率的有个人所得税。超率累进税率是指以征税对象数额的相对率划分若干级距，分别规定相应的差别税率，相对率每超过一个级距的，对超过的部分就按高一级的税率计算征税。目前采用这种税率的有土地增值税。

6. 计税依据。计税依据也称计税标准，是指计算应纳税额的依据或标准。计税依据可以分为从价计征、从量计征、复合计征三种类型。

（1）从价计征。计税金额是从价计征应纳税额的计税依据。计算公式为：

计税金额 = 征税物件的数量 × 计税价格

应纳税额 = 计税金额 × 适用税率

（2）从量计征。计税数量是从量计征应纳税额的计税依据。计算公式为：

应纳税额 = 计税数量 × 单位适用税率

（3）复合计征。征税对象的价格和数量均为其计税依据。计算公式为：

应纳税额 = 计税数量 × 单位适用税率 + 计税金额 × 适用税率

7. 纳税环节。纳税环节是指税法规定的征税对象在从生产到消费的流转过程中应当缴纳税款的环节。如流转税在生产和流通环节纳税；所得税在分配环节纳税等。

8. 纳税期限。纳税期限指纳税人发生纳税义务后，应依法缴纳税款的期限。纳税期限可以分为两种：一是按期纳税，二是按次纳税。

9. 纳税地点。纳税地点是指纳税人依据税法规定向征税机关申报纳税的具体地点。通常，在税法上规定的纳税地点主要是机构所在地、经济活动发生地、财产所在地、报关地等。

10. 减免税。

（1）减税和免税。减税和免税具体分为两种情况：一种是税法直接规定的减免税优惠；另一种是依法给予一定期限内的减免税优惠，期满后仍按规定纳税。

（2）起征点。征税对象的数额没有达到起征点的不征税，征税对象的数额达到起征点的，就其全部数额征税。即不达不征，达到全征。如营业税有关于起征点的规定。

（3）免征点。免征点是指将纳税对象一部分给予免除，只就减除后剩余部分计征税款。即不达不征，达到只征超过部分。如个人所得税有关于免征点的规定。

11. 法律责任。法律责任是指对违反国家税法规定的行为人采取的处罚措施。一般包括违法行为和因违法而应承担的法律责任两部分内容。违法行为是指违反税法规定的行为，包括作为和不作为。因违反税法而承担的法律责任包括行政责任和刑事责任。纳税人和税务人员违反税法规定，都将依法承担法律责任。

●题型分析

1. 单项选择题

【例】下列关于税法构成要素的说法中，正确的是（　　）。

  A. 纳税人就是履行纳税义务的法人

  B. 征税对象是税收法律关系中征纳双方权利义务所指的物品

  C. 税率是衡量税负轻重的重要标志

  D. 税目是区分不同税种的主要标志

【答案】C

【解析】纳税人是指税法规定的直接附有纳税义务的单位和个人。纳税人可以是自然人，也可以是法人或其他组织，所以 A 选项错误。征税对象是指对什么征税，是税收法律关系中权利义务所指的对象，征税对象包括物和行为，所以 B 选项错误。税目是指税法中规定的征税对象的具体项目，税目不是区分不同税种的主要标志，征税对象才是区分不同类型税种的主要标志，所以 D 选项错误。

2. 多项选择题

【例】累进税率是按征税物件数额的大小，划分为几个等级，各定一个税率递增征税，数额越大税率越高，分为（　　）。

  A. 全额累进税率　　　　　B. 超额累进税率

  C. 超率累进税率　　　　　D. 全率累进税率

【答案】ABC

【解析】累进税率分为全额累进税率、超额累进税率、超率累进税率三种。

3. 判断题

【例】营业税属于按照概括法制定税目的。　　　（　　）

【答案】√

【解析】概括法制定税目是把性质接近的产品或项目归类设置税目，如按产品大类或行业设置税目。营业税是按行业设置税目的税种，即概括法。

第二节　主要税种

【考点3】增值税

（一）增值税的概念与分类

1. 概念

增值税是以商品（含应税劳务）在流转过程中产生的增值额作为计税依据而征税的一种流转税。增值税是对在我国境内销售货物或者提供加工修理修配劳务以及进口货物的企业和个人，就其货物销售或者提供劳务的增值额和货物进口金额为计税依据而课征的一种流转税。

2. 分类

根据对外购固定资产所含税金扣除方式的不同，分为：

（1）生产型增值税（不允许扣除外购固定资产价值）。

（2）收入型增值税（可扣除固定资产已提折旧部分价值）。

（3）消费型增值税（允许在购置当期一次性扣除固定资产价值）。

我国自1979年开始试行增值税，分别于1984年、1993年、2009年和2012年进行了四次重要改革。

1984年的第一次改革，属于增值税的过渡性阶段。此时的增值税是在产品税的基础上进行的，征税范围较窄，税率档次较多，计算方式复杂，残留产品税的痕迹，属变性增值税。

1993 年的第二次改革，属增值税的规范阶段。参照国际上通常的做法，结合了我国的实际情况，扩大了征税范围，减并了税率，又规范了计算方法，开始进入国际通行的规范化行列。

2009 年的第三次改革，属于增值税的转型阶段。我国从 2009 年 1 月 1 日起全面实行消费型增值税，改变了此前生产型增值税，固定资产进项税额不能抵扣的历史。

2012 年的第四次改革，把交通运输业和部分现代服务业由征收营业税改为增值税，扩大了增值税的征税范围。

从 2012 年 1 月 1 日起，在上海交通运输业和部分现代服务业开展营业税改征增值税试点。至此，货物劳务税收制度的改革拉开序幕。自 2012 年 8 月 1 日起至年底，国务院将营改增试点至扩大 10 省市，北京或 9 月启动。截止到 2013 年 8 月 1 日，"营改增"范围已推广到全国试行。从 2014 年 1 月 1 日起，将铁路运输和邮政服务业纳入营业税改征增值税试点，至此交通运输业已全部纳入营改增范围。2014 年 6 月 1 日，又将电信业纳入增值税的征税范围。目前暂不实行"营改增"的行业包括建筑业、金融保险业和生活性服务业。

（二）增值税的征税范围

1. 征税范围的基本规定

（1）销售或者进口的货物

货物是指有形动产，包括电力、热力、气体在内。销售货物是指有偿转让货物的所有权。

（2）提供的加工、修理修配劳务

加工是受托加工货物，即委托方提供原材料及主要材料，受托方根据委托方的要求制造货物并收取加工费的业务。修理修配是指受托方对损伤和丧失功能的货物进行修复，使其恢复原状和功能的业务。

提供加工、修理修配劳务是指有偿提供加工、修理修配劳务，但单位或个体经营者聘用的员工为本单位或雇主提供加工、修理修配劳务，不包括在内。

（3）提供的应税服务

应税服务是指陆路运输服务、水路运输服务、航空运输服务、管道运输服务、邮政普通服务、邮政特殊服务、邮政其他服务、研发和技术服务、信息技术服务、文化创意服务、物流辅助服务、有形动产租赁服务、鉴证咨询服务、广播影视服务等。

提供应税服务是指有偿提供应税服务，但不包括非营业活动中提供的应税服务。

非营业活动是指，非企业性单位按照法律和行政法规的规定，为履行国家行政管理和公共服务职能收取政府性基金或者行政事业性收费的活动；单位或者个体工商户聘用的员工为本单位或者雇主提供交通运输业和部分现代服务业服务；单位或者个体工商户为员工提供交通运输业和部分现代服务业服务；财政部和国家税务总局规定的其他情形。

2. 应税服务的具体内容

（1）交通运输业

交通运输业是指使用运输工具将货物或者旅客送达目的地，使其空间位置得到转移的业务活动。包括陆路运输服务、水路运输服务、航空运输服务和管道运输服务。

①陆路运输服务，是指通过陆路（地上或者地下）运送货物或者旅客的运输业务活动，包括铁路运输和其他陆路运输。出租车公司向使用本公司自有出租车的出租车司机收取的管理费用，按陆路运输服务征收增值税。

②水路运输服务，是指通过江、河、湖、川等天然、人工水道或者海洋航道运送货物或者旅客的运输业务活动。远洋运输的

程租、期租业务，属于水路运输服务。

③航空运输服务，是指通过空中航线运送货物或者旅客的运输业务活动。航空运输的湿租业务，属于航空运输服务。

④管道运输服务，是指通过管道设施输送气体、液体、固体物质的运输业务活动。

（2）邮政业

邮政业，是指中国邮政集团公司及其所属邮政行业提供邮件寄递、邮政汇兑机要通信和邮政代理等邮政基本服务的业务活动。其包括邮政普通服务、邮政特殊服务和其他邮政服务。邮政储蓄业务按照金融、保险业税目征收营业税。

（3）部分现代服务业

部分现代服务业是指围绕制造业、文化产业、现代物流产业等提供技术性、知识性服务的业务活动。具体包括：研发和技术服务、信息技术服务、文化创意服务、物流辅助服务、有形动产租赁服务、鉴证咨询服务、广播影视服务。

①研发和技术服务，包括研发服务、技术转让服务、技术咨询服务、合同能源管理服务、工程勘察勘探服务。

②信息技术服务，是指利用计算机、通信网络等技术对信息进行生产、收集、处理、加工、存储、运输、检索和利用，并提供信息服务的业务活动。包括软件服务、电路设计及测试服务、信息系统服务和业务流程管理服务。

③文化创意服务，包括设计服务、商标和著作权转让服务、知识产权服务、广告服务和会议展览服务。

④物流辅助服务，包括航空服务、港口码头服务、货运客运场站服务、打捞救助服务、货物运输代理服务、代理报关服务、仓储服务、装卸搬运服务和收派服务。

⑤有形动产租赁，包括有形动产融资租赁和有形动产经营性租赁。

有形动产融资租赁，是指具有融资性质和所有权转移特点的有形动产租赁业务活动。有形动产经营性租赁，是指在约定时间内将物品、设备等有形动产转让他人使用且租赁物所有权不变更的业务活动。远洋运输的光租业务、航空运输的干租业务，属于有形动产经营性租赁。

⑥鉴证咨询服务，包括认证服务、鉴证服务和咨询服务。

⑦广播影视服务，包括广播影视节目（作品）的制作服务、发行服务和播映（含放映）服务。

（4）电信业

电信业是指利用有线、无线的电磁系统或者光电系统等各种通信网络资源，通过语音通话服务，传送、发射、接受或者应用图像、短信等电子数据和信息的业务活动。包括基础电信服务和增值电信服务。

①基础电信服务是指利用固网、移动网、卫星、互联网、提供语音通话服务的业务活动，以及出租或者出售宽带、波长等网络元素的业务活动。

②增值电信服务是指利用固网、移动网、卫星、互联网、有线电视网络，提供短信和彩信服务、电子数据和信息的传输及应用服务、互联网接入服务等业务活动。卫星电视信号落地转接服务，按照增值税电信服务计算缴纳增值税。

3. 征收范围的特殊规定

（1）视同销售货物

单位或个体经营者的下列行为，视同销售货物：

①将货物交付其他单位或者个人代销。

②销售代销货物。

③设有两个以上机构并实行统一核算的纳税人，将货物从一个机构移送其他机构用于销售，但相关机构设在同一县（市）的除外。

④将自产、委托加工的货物用于非增值税应税项目。

⑤将自产、委托加工的货物用于集体福利或个人消费。

⑥将自产、委托加工或购进的货物作为投资，提供给其他单位或个体工商户。

⑦将自产、委托加工或购进的货物分配给股东或投资者。

⑨将自产、委托加工或购进的货物无偿赠送给其他单位或个人。

上述第⑤项所称"集体福利或个人消费"是指企业内部设置的供职工使用的食堂、浴室、理发室、宿舍、幼儿园等福利设施及设备、物品等，或者以福利、奖励、津贴等形式发放给职工个人的物品。

（2）视同提供应税服务

单位和个体工商户的下列情形，视同提供应税服务：

①向其他单位或者个人无偿提供交通运输业和部分现代服务业服务，但以公益活动为目的或者以社会公众为对象的除外。

②财政部和国家税务总局规定的其他情形。

（3）混合销售

混合销售是指一项销售行为既涉及货物销售又涉及提供非增值税应税劳务的销售行为。

一项销售行为如果既涉及应税劳务又涉及货物的，为混合销售行为。从事货物的生产、批发或零售的企业、企业性单位及个体经营者的混合销售行为，视为销售货物，不征收营业税；其他单位和个人的混合销售行为，视为提供应税劳务，应当征收营业税。

纳税人发生销售自产货物的同时提供建筑业劳务的行为，应分别核算自产货物的销售额和建筑业劳务营业额，其自产货物的销售额缴纳增值税，建筑业劳务营业额不缴纳增值税。未分别核算的，由主管税务机关核定其自产货物的销售额。

（4）兼营非应税劳务

兼营非应税劳务是指纳税人的经营范围既包括销售货物和应税劳务，又包括提供非应税劳务。与混合销售行为不同的是，兼营非应税劳务是指销售货物或应税劳务与提供非应税劳务不同时发生在同一购买者身上，也不发生在同一项销售行为中。

兼营非应税劳务原则上依据纳税人的核算情况，判定是分别征税还是合并征税。根据《增值税暂行条例实施细则》的规定，对货物和应税劳务的销售额按各自适用的税率征收增值税，对非应税劳务的销售额（即营业额）按适用的税率征收营业税。如果不分别核算或者不能准确核算货物或应税劳务和非应税劳务的销售额的，其非应税劳务应与货物或应税劳务一并征收增值税。

（5）混业经营

纳税人兼有不同税率或者征收率的销售货物、提供加工修理修配劳务或者应税服务的，应当分别核算适用不同税率或征收率的销售额，未分别核算销售额的，从高适用税率或征收率。

（三）增值税的纳税人

增值税纳税人是指税法规定负有缴纳增值税义务的单位和个人。在我国境内销售、进口货物或者提供加工、修理、修配劳务以及应税服务的单位和个人，为增值税纳税人。按照经营规模的大小和会计核算健全与否等标准，增值税纳税人可分为一般纳税人和小规模纳税人。

1. 增值税一般纳税人

（1）一般纳税人是指年应征增值税销售额（以下简称"年应税销售额"，包括一个公历年度内的全部应税销售额）超过《增值税暂行条例实施细则》规定的小规模纳税人标准的企业和企业性单位。一般纳税人的特点是增值税进项税额可以抵扣销项税额。

下列纳税人不属于一般纳税人：

①年应税销售额未超过小规模纳税人标准的企业。

②除个体经营者以外的其他个人。

③非企业性单位。

④不经常发生增值税应税行为的企业。

（2）小规模纳税人

小规模纳税人是指年销售额在规定标准以下，并且会计核算不健全，不能按规定报送有关税务资料的增值税纳税人。小规模纳税人的认定标准是：

①从事货物生产或者提供应税劳务的纳税人，以及以从事货物生产或者提供应税劳务为主，并兼营货物批发或者零售的纳税人，年应税销售额在50万元以下（含本数，下同）的。"以从事货物生产或者提供应税劳务为主"是指纳税人的年货物生产或提供应税劳务的销售额占全年应税销售额的比重在50%以上。

②对上述规定以外的纳税人，年应税销售额在80万元以下的。

③对提供应税服务的，年应税服务铲售额在500万元以下的。

④年应税销售额超过小规模纳税人标准的其他个人按小规模纳税人纳税。

⑤非企业性单位、不经常发生应税行为的企业可选择按小规模纳税人纳税。

小规模纳税人会计核算健全，能够提供准确税务资料的，可以向主管税务机关申请一般纳税人资格认定，成为一般纳税人。

除国家税务总局另有规定外，一经认定为一般纳税人后，不得转为小规模纳税人。

（四）增值税的扣缴义务人

中华人民共和国境外（以下简称境外）的单位或者个人在境内提供应税服务，在境内未设有经营机构的，以其代理人为增值税扣缴义务人，在境内没有代理人的，以接受方为增值税扣缴义务人。

境外单位或者个人在境内提供应税服务，在境内未设有经营机构的，扣缴义务人按照下列公式计算应扣缴税额：

应扣缴税额=接受方支付的价款÷（1+税率）×税率

（五）增值税税率

1. 基本税率

增值税的基本税率为17%。

2. 低税率

除基本税率以外，下列货物按照低税率征收增值税：

（1）下列应税货物按照13%的低税率征收增值税：

①粮食、食用植物油；

②自来水、暖气、冷气、热水、煤气、石油液化气、天然气、沼气、居民用煤炭制品；

①图书、报纸、杂志；

④饲料、化肥、农药、农机（不包括农机零部件）、农膜；

⑤国务院规定的其他货物。

（2）下列应税服务按照低税率征收增值税：

①提供交通运输业服务、邮政业服务，税率为11%；

②提供现代服务业服务（有形动产租赁服务除外），税率为6%。

3. 零税率

（1）纳税人出口货物，一般适用零税率，国务院另有规定的除外；

（2）单位和个人提供的国际运输服务、向境外单位提供的研发服务和设计服务以及财政部和国家税务总局规定的其他应税服务，税率为零。

4. 征收率

自2009年1月1日起，小规模纳税人增值税征收率调整为3%。

纳税人提供适用不同税率或者征收率的应税服务，应当分别核算适用不同税率或者征收率的销售额，未分别核算的，从高适用税率。

（六）增值税一般纳税人应纳税额的计算

我国增值税实行扣税法。增值税一般纳税人销售货物或者提供应税劳务的应纳税额应该等于当期销项税额抵扣当期进项税额后的余额。一般纳税人凭增值税专用发票及其他合法扣税凭证注明税款进行抵扣，其应纳增值税的计算公式为：

应纳税额＝当期销项税额−当期进项税额

＝当期销售额×适用税率−当期进项税额

1. 销项税额的计算

销项税额＝销售额×适用税率

销售额是增值税的计税依据，包括纳税人销售货物或者提供应税劳务向购买方收取的全部价款和价外费用，但不包括向购买方收取的销项税额和其他符合税法规定的费用。如果销售的货物是消费税应税产品或进口产品，则全部价款中包括消费税或关税。

作为增值税计税依据的销售额为不含税销售额（不含增值税），如果采用销售额和销项税合并定价（含税销售额）的，应换算为不含税销售额，计算公式为：

不含税销售额＝含税销售额÷（1+税率）

纳税人销售货物或提供应税劳务的价格明显偏低并无正当理由的，或者视同销售行为而无销售额的，由主管税务机关核定销售额。

主管税务机关按下列顺序确定其销售额：

（1）按纳税人最近时期同类货物的平均销售价格确定；

（2）按其他纳税人最近时期同类货物的平均销售价格确定；

（3）按组成计税价格确定。组成计税价格的公式为：

组成计税价格＝成本×（1+成本利润率）

属于应征消费税的货物，其组成计税价格中应加计消费税额。

公式中的成本是指：销售自产货物的为实际生产成本，销售外购货物的为实际采购成本。公式中的成本利润率由国家税务总局确定。

2. 进项税额

进项税额是指纳税人购进货物或者接受应税劳务所支付或者负担的增值税额。

增值税的核心就是纳税人收入的销项税额抵扣其支付的进项税额，其余额为纳税人实际缴纳的增值税额。

除税法规定不得抵扣的项目外，准予抵扣的进项税额主要有：

一般纳税人购进货物或者应税劳务的进项税额，为从销售方取得的增值税专用发票上注明的增值税额。

一般纳税人进口货物的进项税额为从海关取得的完税凭证上注明的增值税额。

一般纳税人向农业生产者购买的免税农业产品，或者向小规模纳税人购买的农产品，准予按照买价和13%的扣除率计算进项税额。

一般纳税人外购或者销售货物（固定资产外）所支付的铁路运输费用（代垫运费除外），根据运费结算单据（普通发票）所列运费金额，依7%的扣除率计算进项税额准予扣除。其他运输方式取得增值税专用发票的按照增值税专用发票上注明的运输费用增值税税额抵扣进项税额。

【例】A商场为增值税一般纳税人，2014年2月购进一批货物，取得增值税专用发票，增值税专用发票上列明不含税进价为

200万元；当月将其中一部分货物销售给B公司和C服装店，其中C为增值税小规模纳税人，取得含税销售收入351万元和11.7万元。

计算A公司2014年2月应缴纳增值税为多少。

【解析】

第一步：计算不含税销售额（351+11.7）／（1+17%）=310（万元）

第二步：计算销项税额310×17%=52.7（万元）

第三步：计算进项税额200×17%=34（万元）

第四步：计算当月应缴纳增值税税额52.7-34=18.7（万元）

（七）增值税小规模纳税人应纳税额的计算

小规模纳税人销售货物、提供应税劳务或者服务，实行按照销售额和征收率计算应纳税额的简易办法，并不得抵扣进项税额。其应纳税额计算公式为：

应纳税额=销售额×征收率

纳税人采用销售额和应纳税额合并定价方法的，须将含税销售额转化为不含税销售额，其计算公式为：

销售额=含税销售额÷（1+征收率）

【例】某小规模纳税人，2014年3月取得含税销售收入3.09万元，当月从某商场采购原材料1万元（不含税）。

计算该小规模纳税人本月应缴纳的增值税税额为多少。

【解析】小规模纳税人的增值税税额不能抵扣进项税额，因此只按3%的征收率计算增值税应纳税额即可。

第一步：计算不含税销售额3.09／（1+3%）=3（万元）

第二步：计算当月应纳税额3×3%=0.09（万元）

（八）增值税的征收管理

1.纳税义务的发生时间

（1）采用直接收款方式销售货物，不论货物是否发出，均为收到销售款或者取得索取销售款凭证的当天；先开具发票的，为开具发票的当天。纳税人提供应税服务的，为收讫销售款或者取得销售款项凭据的当天；先开具发票的，为开具发票的当天。

收讫销售款项是指纳税人提供应税服务过程中或者完成后收到款项。

取得索取销售款项凭证的当天，是指书面合同确定的付款日期；未签订书面合同或者书面合同未确定付款日期的，为应税服务完成的当天。

（2）采取托收承付和委托银行收款方式销售货物，为发出货物并办妥托收手续的当天。

（3）采取赊销和分期收款方式销售货物，为书面合同约定的收款当天，无书面合同或者书面合同没有约定收款日期的，为货物发出的当天。

（4）采取预收货款方式销售货物，为货物发出的当天。

但销售生产工期超过 12 个月的大型机械设备、船舶、飞机等货物，为收到预收款或者书面合同约定的收款日期的当天。

纳税人提供有形动产租赁服务采取预收款方式的，其纳税义务发生时间为收到预收款的当天。

（5）委托其他纳税人代销货物，为收到代销单位的代销清单或者收到全部或者部分货款的当天。未收到代销清单及货款的，为发出代销货物满 180 天的当天。

（6）销售应税劳务，为提供劳务同时收讫销售款或者取得索取销售款的凭据的当天。

（7）纳税人发生视同销售货物行为，为货物移送的当天。纳税人发生视同提供应税服务行为的，其纳税义务发生时间为应税服务完成的当天。

（8）纳税人进口货物，纳税义务发生时间为报关进口的当天。

（9）增值税扣缴义务发生时间为纳税人增值税纳税义务发生

的当天。

2. 纳税期限

增值税的纳税期限分别为 1 日、3 日、5 日、10 日、15 日、1个月或者 1 个季度。纳税人的具体纳税期限，由主管税务机关根据纳税人应纳税额的大小分别核定。以 1 个季度为纳税期限的规定适用于小规模纳税人以及财政部和国家税务总局规定的其他纳税人。不能按照固定期限纳税的，可以按次纳税。

纳税人以 1 个月或者 1 个季度为 1 个纳税期的，自纳税期满之日起 15 日内申报纳税；以 1 日、3 日、5 日、10 日或者 15 日为 1 个纳税期的，自期满之日起 5 日内预缴税款，于次月 1 日起15 日内申报纳税并结清上月应纳税款。

纳税人进口货物，应当自海关填发税款缴纳书之日起 15 日内缴纳税款。

3. 纳税地点

固定业户应当向其机构所在地的主管税务机构申报纳税。固定业户到外县（市）销售货物或者应税劳务，应当向其机构所在地主管税务机关申请开具"外出经营活动税收管理证明"，并向其机构所在地主管税务机关申报纳税。未开具该证明的，应当向销售地或者劳务发生地的主管税务机关申报纳税。

非固定业户销售货物或者提供应税劳务，应当向销售地或者劳务发生地的主管税务机关申报纳税。进口货物向报关地海关申报纳税。

扣缴义务人应当向其机构所在地或者居住地主管税务机关申报缴纳其扣缴的税款。

●题型分析

1. 单项选择题

【例】根据《增值税暂行条例》的规定，下列关于增值税纳税人的基本规定中，不正确的是（　　　）。

A. 增值税纳税人可以分为一般纳税人和小规模纳税人

B. 增值税一般纳税人可以领购增值税专用发票，准予抵扣进项税额

C. 小规模纳税人适用于 3% 的征收率，计算抵扣进项税额

D. 除国家税务总局另有规定外，一经认定为一般纳税人后，不得转为小规模纳税人

【答案】C

【解析】增值税小规模纳税人适用 3% 的征收率计算缴纳增值税，但是不得使用增值税专用发票，也不得抵扣进项税额。

2. 多项选择题

【例】根据《增值税暂行条例》的有关规定，下列各项中，应缴纳增值税的有（　　）。

A. 将自产的货物分配给股东

B. 将自建的厂房对外转让

C. 将自产的货物用于集体福利

D. 将购买的货物用于个人消费

【答案】AC

【解析】将自产货物分配给股东和用于集体福利，属于视同销售行为，应缴纳增值税，所以应选 AC 选项；将自建厂房对外转让属于转让不动产，应缴纳营业税；将购买的货物用于个人消费在购买时已缴纳增值税，用于个人消费时已经是最终消费，不再流转了，所以不用再缴纳增值税了，但此项不能抵扣进项税额，应做进项税额转出，所以 BD 选项错误。

3. 判断题

【例】小规模纳税人为年应税销售额在 80 万以下的纳税人。

（　　）

【答案】×

【解析】小规模纳税人的认定标准为生产企业或以生产为主

的企业，年应税销售额在 50 万以下的；商业企业，年应税销售额在 80 万以下的；提供应税服务的，年应税销售额在 500 万元以下的。年应税销售额超过小规模纳税人标准的个人、非企业性单位、不经常发生应税行为的企业，视同小规模纳税人纳税。

4. 不定项选择题

【例】某商场为增值税一般纳税人，5 月份发生以下购销业务：

购入服装一批，货款均已支付，第一批货物货款为 23.4 万元（含税），尚未取得增值税专用发票，第二批货物取得增值税专用发票上注明支付的价款 36 万元，增值税税额 6.12 万元；先后购进这两批货物时已分别支付两笔运费 0.222 万元（含税）和 4 万元，第一批货物支付运费取得货运企业开具的增值税专用发票，货运企业为增值税一般纳税人，第二批货物通过铁路运输，支付运费取得承运单位开具的运输发票。

批发销售服装一批，取得不含税销售额 18 万元，采用委托银行收款方式结算，货已发出并办妥托收手续，货款尚未收回。

零售各种服装，取得含税销售收入 37.44 万元，同时将零售价为 1.755 万元（含税）的服装作为礼品赠送给了顾客。

（说明：有关票据在本月均通过主管税务机关认证并申报抵扣；月初增值税留抵税额为 0）

要求：根据以上材料，回答下列问题。

（1）该商场支付运费可抵扣的增值税进项税额为（   ）。

A. 0.022 万元　　　　　　B. 0.28 万元

C. 0　　　　　　　　　　D. 0.302 万元

【答案】D

【解析】"营改增"后，交通运输业（除铁路运输外）缴纳增值税，运输企业为增值税一般纳税人，并开具有增值税专用发票的，可以按 11% 的税率计算抵扣进项税额；一般纳税人外购或销售货物所支付的运输费用，通过铁路运输的，仍比照以往的做法：取得运费结算单据的，按所列金额 7% 扣除率计算进项税额抵扣。

计算过程为：

第一批货物 0.222/（1+11%）×11%=0.022（万元）

第二批货物 4×7%=0.28（万元）

运费可抵扣的进项税额=0.022+0.28=0.302（万元）

（2）该商场 5 月份可抵扣的增值税进项税额为（　　）。

    A. 6.422 万元　　　　　　B. 9.52 万元

    C. 6.4 万元　　　　　　　D. 6.12 万元

【答案】A

【解析】6.12+0.302=6.422（万元）

（3）该商场销售服装的增值税销项税额为（　　）。

    A. 3.06 万元　　　　　　B. 5.44 万元

    C. 9.4248 万元　　　　　D. 8.5 万元

【答案】D

【解析】（37.44/1.17+18）×17%=8.5（万元）

（4）该商场将服装赠送给客户的增值税销项税额为（　　）。

    A. 0.298 万元　　　　　　B. 0.255 万元

    C. 0.228 万元　　　　　　D. 0.202 万元

【答案】B

【解析】商场将服装赠送给客户视同销售，应缴纳增值税：1.755/1.17×17%=0.255（万元）

（5）该商场 5 月份应缴纳的增值税税额为（　　）。

    A. 2.1 万元　　　　　　B. 2.355 万元

    C. 2.078 万元　　　　　D. 2.333

【答案】D

【解析】应纳增值税额=销项税额－进项税额=8.5+0.255－

6.422＝2.333（万元）

【考点4】营业税

（一）营业税的概念

营业税是对在我国境内提供应税劳务、转让无形资产或销售不动产的单位和个人，就其所取得的营业额征收的一种税。

应税劳务是指属于建筑业、金融保险业、文化体育业、娱乐业、服务业税目征收范围的劳务。加工和修理、修配，不属于营业税的应税劳务。交通运输业、部分现代服务业、邮政服务业已纳入"营改增"的范围，也不属于营业税的应税劳务。

（二）营业税的纳税人与扣缴义务人

1.营业税纳税人

营业税的纳税人是指在中华人民共和国境内提供应税劳务、转让无形资产或者销售不动产的单位和个人。

2.营业税扣缴义务人

境外单位或者个人在境内提供应税劳务、转让无形资产或者销售不动产的，在境内未设有经营机构的，以境内代理人为营业税扣缴义务人；没有代理人的，以受让方或购买方为营业税扣缴义务人。

（三）营业税的税目和税率

1.营业税共有九个税目：交通运输业、建筑业、邮电通信业、文化体育业、金融保险业、服务业、转让无形资产、销售不动产、娱乐业。

2013年8月1日起，将交通运输业（铁路运输业除外）和部分现代服务业营业税改征增值税（以下简称营改增）试点在全国范围内推开；2014年1月1日起，将铁路运输业和邮政服务业纳入"营改增"试点。至此，交通运输业已全部纳入"营改增"范围。2014年6月1日，又将电信业纳入增值税的征税范围。

2. 营业税税率

营业税按照行业和经济业务的类别不同，分别采用不同的比例税率：

（1）建筑业、文化体育业的税率为3%；

（2）金融保险业、服务业、转让无形资产、销售不动产的税率为5%；

（3）娱乐业的税率为5%~20%，纳税人经营娱乐业具体适用的税率，由省、自治区、直辖市人民政府在《营业税暂行条例实施细则》规定的幅度内决定。

已纳入"营改增"范围的部分现代服务业，执行增值税税率。

（四）营业税应纳税额

1. 营业税的计税依据

营业税的计税依据是营业额。营业额是指纳税人提供应税劳务、转让无形资产或者销售不动产向对方收取的全部价款和价外费用。价外费用包括向对方收取的手续费、基金、集资费、代收款项、代垫款项以及其他各种性质的价外收费，但不包括符合条件的代为收取的政府性基金或者行政事业性收费。

营业税应纳税额的计算公式为：

应纳税额＝营业额×税率

2. 对于纳税人提供劳务、转让无形资产或销售不动产价格明显偏低而无正当理由的，或者视同发生应税行为而无营业额的，税务机关可按下列顺序确定其营业额：

（1）按纳税人最近时期发生同类应税行为的平均价格核定。

（2）按其他纳税人最近时期发生同类应税行为的平均价格核定。

（3）按下列公式核定：

营业额＝营业成本或者工程成本×（1+成本利润率）÷（1-

营业税税率)

公式中的成本利润率,由省、自治区、直辖市税务局确定。

【例】A 企业 2014 年 4 月取得销售房屋收入 200 万元;提供建筑业劳务的营业额为 300 万元。

计算该企业当月应缴纳的营业税税额为多少。

【解析】销售不动产适用税率为 5%,提供建筑业劳务的适用税率 3%。

该企业当月应缴纳的营业税=200×5%+300×3%=19(万元)

（五）营业税征收管理

1. 纳税义务发生时间,即业务发生并收讫款项或者取得索取款项凭据的当天。对某些具体情况规定如下:

（1）纳税人转让土地使用权、销售不动产、提供建筑业或者租赁业劳务,采用预收款方式的,其纳税义务发生时间为收到预收款的当天。

（2）纳税人新建建筑物后销售,其自建行为的纳税义务发生时间,为其销售自建建筑物并收讫营业收入款项或者取得索取营业收入款项凭据的当天。

（3）纳税人将不动产或者土地使用权无偿赠与他人,其纳税义务发生时间为不动产所有权或者土地使用权转移的当天。

2. 营业税的纳税期限

营业税的纳税期限,分别为 5 日、10 日、15 日、1 个月或 1 个季度。纳税人的具体纳税期限,由主管税务机关根据纳税人应纳税额的大小分别核定;不能按照固定期限纳税的,可以按次纳税。

纳税人以 1 个月或 1 个季度为一期纳税的,自期满之日起 15 日内申报纳税;以 5 日、10 日或者 15 日为一期纳税的,自期满之日起 5 日内预缴税款,于次月 1 日起 15 日内申报纳税并结清上月应纳税款。

银行、财务公司、信托投资公司、信用社、外国企业常驻代表机构的纳税期限为1个季度，自纳税期满之日起15日内申报纳税。保险业的纳税期限为1个月。

3. 营业税纳税地点

（1）纳税人提供应税劳务，应当向其机构所在地或者居住地的主管税务机关申报纳税，但建筑业劳务应向应税劳务发生地主管税务机关申报纳税。

（2）纳税人出租、转让土地使用权，应当向土地所在地主管税务机关申报纳税；纳税人转让其他无形资产，应当向其机构所在地主管税务机关申报纳税。

（3）纳税人出租、销售不动产，应当向不动产所在地主管税务机关申报纳税。

●**题型分析**

1. 单项选择题

【例】根据《营业税暂行条例》的规定，下列各项中，不属于营业税征收范围的是（　　）。

    A. 保险业　　　　　　　B. 修理业
    C. 服务业　　　　　　　D. 建筑业

【答案】B

【解析】加工、修理修配业属于增值税的征收范围，不属于营业税的征收范围。

2. 多项选择题

【例】根据《营业税暂行条例》的规定，下列各项关于营业税纳税地点规定，说法正确的有（　　）。

    A. 企业转让土地使用权的，在土地所在地纳税
    B. 企业出租不动产的，在不动产所在地纳税
    C. 企业提供应税劳务的，在其机构所在地纳税
    D. 企业销售不动产的，在不动产所在地纳税

【答案】ABD

【解析】提供应税劳务的，应在应税劳务发生地纳税，而不是其机构所在地。

3. 判断题

【例】营业税纳税期限分别为 1 日、3 日、5 日、10 日、15 日、1 个月或者 1 个季度。 （　　）

【答案】×

【解析】营业税纳税期限分别为 5 日、10 日、15 日、1 个月或者 1 个季度。

4. 不定项选择题

【例】某温泉酒店是一家集餐饮、住宿和娱乐为一体的综合性餐饮企业，酒店设有餐饮部、客房部、娱乐部等经营部门，各经营部门业务实行独立核算，2013 年 6 月酒店取得以下收入：①餐饮收入 150 万元；②住宿收入 86 万元；③出租商业用房租金收入 9 万元；④卡拉 OK 门票收入 17 万元，点歌费收入 6 万元，台位费收入 23 万元，烟酒和饮料收入 71 万元。

已知：服务业适用营业税税率 5%，娱乐业适用营业税税率 20%。

（1）该酒店当月餐饮收入应缴纳营业税（　　）万元。

　　A. 4.5　　　　　　　　　　B. 7.5

　　C. 9　　　　　　　　　　　D. 30

【答案】B

【解析】150×5%＝7.5（万元）

（2）该酒店当月住宿收入应缴纳营业税（　　）万元。

　　A. 2.58　　　　　　　　　　B. 4.3

　　C. 8.6　　　　　　　　　　　D. 17.2

【答案】B

【解析】86×5%＝4.3（万元）

（3）该酒店当月租金收入应缴纳营业税（　　）万元。

   A. 0.45   B. 0.9

   C. 1.35   D. 1.8

【答案】A

【解析】$9 \times 5\% = 0.45$（万元）

（4）该酒店当月娱乐收入应缴纳营业税（　　）万元。

   A. 2.3   B. 9.2

   C. 5.85   D. 23.4

【答案】D

【解析】$(17+6+23+71) \times 20\% = 23.4$（万元）

（5）该酒店当月总共应缴纳营业税（　　）万元。

   A. 9.83   B. 22.8

   C. 35.65   D. 57.55

【答案】C

【解析】$7.5+4.3+0.45+23.4 = 35.65$（万元）

【考点5】消费税

（一）消费税的概念

消费税是对在我国境内从事生产、委托加工和进口应税消费品的单位和个人征收的一种流转税，是对特定的消费品和消费行为在特定的环节征收的一种流转税。

（二）消费税的征税范围

1. 生产应税消费品

生产应税消费品在生产销售环节征税。纳税人将生产的应税消费品换取生产资料、消费资料、投资入股、偿还债务，以及用于继续生产应税消费品以外的其他方面都应缴纳消费税。

2. 委托加工应税消费品

委托加工应税消费品是指委托方提供原料和主要材料，受托方只收取加工费和代垫部分辅助材料加工的应税消费品。由受托方提供原材料或其他情形的一律不能视同加工应税消费品。

委托加工的应税消费品，除受托方为个人外，由受托方在向委托方交货时代收代缴税款，委托个人加工的应税消费品，由委托方收回后缴纳消费税。

委托加工的应税消费品，委托方用于连续生产应税消费品的，所纳税款准予按规定抵扣；直接出售的，不再缴纳消费税。委托方将收回的应税消费品，以不高于受托方的计税价格出售的，为直接出售，不再缴纳消费税；委托方以高于受托方的计税价格出售的，不属于直接出售，需按照规定申报缴纳消费税，在计税时准予扣除受托方已代收代缴的消费税。

3. 进口应税消费品

单位和个人进口应税消费品，于报关进口时由海关代征消费税。

4. 批发、零售应税消费品

经国务院批准，自 1995 年 1 月 1 日起，金银首饰消费税由生产销售环节征收改为零售环节征收。改在零售环节征收消费税的金银首饰仅限于金基、银基合金首饰以及金、银和金基、银基合金的镶嵌首饰，适用税率为 5%，其计税依据是不含增值税的销售额。

对既销售金银首饰，又销售非金银首饰的生产、经营单位，应将两类商品划分清楚，分别核算销售额。凡划分不清楚或不能分别核算的，在生产环节销售的，一律从高适用税率征收消费税；在零售环节销售的，一律按金银首饰征收消费税。金银首饰与其他产品组成成套消费品销售的，应按销售额全额征收消费税。

金银首饰连同包装物一起销售的，无论包装物是否单独计价，也无论会计上如何核算，均应并入金银首饰的销售额，计征消费税。

带料加工的金银首饰，应按受托方销售的同类金银首饰的销售价格确定计税依据征收消费税。没有同类金银首饰销售价格的，按照组成计税价格计算纳税。

纳税人采用以旧换新（含翻新改制）方式销售的金银首饰，应按实际收取的不含增值税的全部价款确定计税依据征收消费税。

（三）消费税纳税人

消费税纳税人是指在中华人民共和国境内（起运地或者所在地在境内）生产、委托加工和进口《消费税暂行条例》规定的消费品的单位和个人，以及国务院确定的销售《消费税暂行条例》规定的消费品的其他单位和个人。

（四）消费税的税目与税率

我国消费税的税目共有 14 个，分别是：①烟；②酒及酒精；③化妆品；④贵重首饰及珠宝玉石；⑤鞭炮、焰火；⑥成品油；⑦汽车轮胎；⑧摩托车；⑨小汽车；⑩高尔夫球及球具；⑪高档手表；⑫游艇；⑬木制一次性筷子；⑭实木地板。其中，有些还包括若干子目。

消费税的税率包括比例税率和定额税率两类。其中，卷烟、白酒（粮食白酒和薯类白酒）实行比例税率和定额税率复合计征；黄酒、啤酒、成品油适用定额税率；其余税目适用比例税率。根据不同的税目或子目，应税消费品的税率不同。

（五）消费税应纳税额

1. 从价定率征收，即根据不同的应税消费品确定不同的比例税率。

应纳税额＝应税消费品的销售额×比例税率

注意：此处的计税依据销售额是和增值税的计税依据一致的，即为不含增值税的，但含消费税的销售额。所以，如果销售额为含增值税销售额的，应换算为不含增值税销售额：

应税消费品的销售额＝含增值税的销售额÷（1＋增值税税率或征收率）

【例】B企业销售一艘游艇取得不含税销售收入600万元，游艇为应税消费品，适用消费税税率10％，计算B企业应缴纳的消费税为多少？

【解析】游艇适用10％的比例税率，计算方法为：

$600 \times 10\% = 60$（万元）

因此，B企业应缴纳的消费税为60万元。

2. 从量定额征收，即根据不同的应税消费品确定不同的单位税额。

应纳税额＝应税消费品的销售数量×单位税额

【例】C企业销售啤酒100吨，啤酒为应税消费品，适用消费税额为250元/吨。计算C企业应缴纳的消费税为多少。

【解析】啤酒适用250元/吨的定额税率，计算方法为：

$100 \times 250 = 25\,000$（元）

因此，C企业应缴纳的消费税为25 000元。

3. 从价定率和从量定额复合征收，即以两种方法计算的应纳税额之和为该应税消费品的应纳税额。我国目前只对卷烟和白酒采用复合征收方法。

应纳税额＝应税消费品的销售额×比例税率＋应税消费品的销售数量×单位税额

【例】C企业销售白酒200吨，不含税销售额为1 000万元。白酒为应税消费品，适用消费税税率为20％加0.5元/500克。计算C企业应缴纳的消费税为多少。

【解析】白酒适用复合征收的方式，重量单位吨应换算为斤（500克）来计算。1吨＝2 000斤。计算方法为：

从价定率：$1\,000 \times 20\% = 200$（万元）

从量定额：$200 \times 2\,000 \times 0.5 = 20$（万元）

白酒销售应缴纳的消费税＝200+20＝220（万元）

4. 应税消费品已纳税款的扣除

应税消费品若是用外购已缴纳消费税的应税消费品连续生产出来的，在对这些连续生产出来的应税消费品征税时，按当期生产领用数量计算准予扣除的外购应税消费品已缴纳的消费税税款。比如，使用外购烟丝生产卷烟的。

5. 自产自用应税消费品应纳税额

纳税人自产自用应税消费品用于连续生产应税消费品的，不纳税；凡用于其他方面的，应按照纳税人生产的同类消费品的销售价格计算纳税，没有同类消费品销售价格的，按照组成计税价格计算纳税。

实行从价定率办法计算纳税的组成计税价格计算公式：

组成计税价格＝（成本+利润）÷（1-比例税率）

实行复合计税办法计算纳税的组成计税价格计算公式：

组成计税价格＝（成本+利润+自产自用数量×定额税率）÷（1-比例税率）

6. 委托加工应税消费品应纳税额

委托加工的应税消费品，按照受托方的同类消费品的销售价格计算纳税；没有同类消费品销售价格的，按照组成计税价格计算纳税。

实行从价定率办法计算纳税的组成计税价格计算公式：

组成计税价格＝（材料成本+加工费）÷（1-比例税率）

实行复合计税办法计算纳税的组成计税价格计算公式：

组成计税价格＝（材料成本+加工费+委托加工数量×定额税率）÷（1-比例税率）

（六）消费税征收管理

1. 纳税义务发生时间（货款结算方式或行为发生时间）

（1）纳税人销售应税消费品的，按不同的销售结算方式分别为：

①采取赊销和分期收款结算方式的，为书面合同约定的收款日期的当天，书面合同没有约定收款日期或者无书面合同的，为发出应税消费品的当天；

②采取预收货款结算方式的，为发出应税消费品的当天；

③采取托收承付和委托银行收款方式的，为发出应税消费品并办妥托收手续的当天；

④采取其他结算方式的，为收讫销售款或者取得索取销售款凭据的当天。

（2）纳税人自产自用应税消费品的，为移送使用的当天。

（3）纳税人委托加工应税消费品的，为纳税人提货的当天。

（4）纳税人进口应税消费品的，为报关进口的当天。

2. 消费税纳税期限

消费税纳税期限分别为 1 日、3 日、5 日、10 日、15 日、1 个月或者 1 个季度。纳税人的具体纳税期限，由主管税务机关根据纳税人应纳税额的大小分别核定，不能按照固定期限纳税的，可以按次纳税。

纳税人以 1 个月或者 1 个季度为一期纳税的，自期满之日起 15 日内申报纳税；纳税人以 1 日、3 日、5 日、10 日、15 日为一期的，自期满之日起 5 日内预缴税款，于次月 1 日起 15 日内申报纳税并结清上月应纳税款。进口货物自海关填发税收专用缴款书之日起 15 日内缴纳。

3. 消费税纳税地点

（1）纳税人销售的应税消费品，以及自产自用的应税消费品，除国务院财政、税务主管部门另有规定外，应当向纳税人机构所在地或者居住地的主管税务机关申报纳税。

（2）委托加工的应税消费品，除受托方为个人外，由受托方向机构所在地或居住地主管税务机关解缴消费税税款；委托个人加工的应税消费品，由委托方向其机构所在地或者居住地主管税务机关申报纳税。

（3）进口的应税消费品，由进口人或者其代理人向报关地海关申报纳税。

（4）纳税人到外县（市）销售或者委托外县（市）代销自产应税消费品的，于应税消费品销售后，向机构所在地或居住地主管税务机关申报纳税。

（5）纳税销售的应税消费品，如因质量等原因，由购买者退回时，经由所在地主管税务机关审核批准后，可退还已征收的消费税税款，但不能自行直接抵减应纳税税款。

● **题型分析**

1. 单项选择题

【例】根据《消费税暂行条例》规定，纳税人销售应税消费品向购买人收取的下列税金、价外费用中，不应并入应税消费品销售额的是（　　）。

　　A. 向购买方收取的价外基金

　　B. 向购买方收取的消费税税款

　　C. 向购买方收取的手续费

　　D. 向购买方收取的增值税税款

【答案】D

【解析】消费税应税消费品的销售额为纳税人销售应税消费品向购买方收取的全部价款和价外费用，但在计算消费税时应扣除向购买方收取的增值税税款。

2. 多项选择题

【例】下列关于消费税税率的说法中，正确的有（　　）。

　　A. 根据《消费税暂行条例》规定，我国消费税税目共有13个

B. 消费税采用列举法，按照应税消费品分别设置税目，对不同的税目规定了不同的税率

C. 黄酒、啤酒、汽油、柴油等分别按单位重量或单位体积确定单位税额

D. 消费税采用从价定率、从量定额、从价定率和从量定额复合征收三种方式

【答案】BCD

【解析】根据《消费税暂行条例》规定，我国消费税税目共有 14 个，所以 A 选项错误；其余 BCD 均为正确的说法。

3. 判断题

【例】金银首饰的消费税在零售环节纳税。 （ ）

【答案】√

【解析】金银首饰、钻石的消费税的纳税义务发生时间为零售环节。

【考点 6】企业所得税

（一）企业所得税的概念

企业所得税是对我国企业和其他组织的生产经营所得和其他所得征收的一种税。

企业分为居民企业和非居民企业。居民企业是指依法在中国境内成立，或者依照外国（地区）法律成立但实际管理机构在中国境内的企业。非居民企业是指依照外国（地区）法律成立且实际管理机构不在中国境内，但在中国境内设立机构、场所的，或者在中国境内未设立机构、场所，但有来源于中国境内所得的企业。

（二）企业所得税的征税对象

企业所得税的征税对象是指企业的生产经营所得、其他所得和清算所得。

（1）居民企业的征税对象为中国境内、境外的所得

居民企业的征税对象为中国境内、境外的所得，包括销售货物所得、提供劳务所得、转让财产所得、股息红利等权益性投资所得，以及利息所得、租金所得、特许权使用所得、接受捐赠所得和其他所得。

（2）非居民企业的征税对象

在中国境内设立机构、场所的，征税对象为来源于中国境内的所得及发生在境外但与其所设机构、场所有实际联系的所得。

在中国境内未设立机构、场所的，或者虽设立机构、场所，但取得的所得与其所设机构、场所没有实际联系的，征税对象为来源于中国境内的所得。

（三）企业所得税的税率

企业所得税实行比例税率，基本税率为25％。

1. 基本税率25％。适用于居民企业和在中国境内设有机构、场所且所得与机构、场所有关联的非居民企业。

2. 优惠税率。对符合条件的小型微利企业，减按20％的税率征收企业所得税；对国家需要重点扶持的高新技术企业，减按15％的税率征收企业所得税。

（四）企业所得税应纳税所得额

企业所得税应纳税所得额是企业所得税的计税依据。应纳税所得额为企业每一个纳税年度的收入总额减去不征税收入、免税收入、各项扣除，以及弥补以前年度的亏损之后的余额。应纳税所得额有两种计算方法：

直接计算法下的计算公式为：

应纳税所得额＝收入总额－不征税收入额－免税收入额－各项扣除额－准予弥补的以前年度亏损额

间接计算法下的计算公式为：

应纳税所得额＝利润总额＋纳税调整项目金额

1. 收入总额

企业以货币形式和非货币形式从各种来源取得的收入，为收入总额，包括销售货物收入，提供劳务收入，转让财产收入，股息、红利等权益性投资收益，利息收入，租金收入，特许权使用费收入，接受捐赠收入，其他收入。

2. 不征税收入

不征税收入是指从性质和根源上不属于企业营利性活动带来的经济利益、不负有纳税义务并不作为应纳税所得额组成部分的收入。如财政拨款、依法收取并纳入财政管理的行政事业性收费、政府性基金以及其他不征税收入。

3. 免税收入

免税收入是指属于企业的应税所得但按照税法规定免予征收企业所得税的收入。免税收入包括国债利息收入，符合条件的居民企业之间的股息、红利收入，在中国境内设立机构、场所的非居民企业从居民企业取得与该机构、场所有实际联系的股息、红利收入，符合条件的非营利组织的收入等。

4. 准予扣除项目

企业实际发生的与取得收入有关的、合理的支出，包括成本、费用、税金、损失和其他支出等，准予在计算应纳税所得额时扣除。

5. 不得扣除项目

（1）向投资者支付的股息、红利等权益性投资收益款项。

（2）企业所得税税款。

（3）税收滞纳金。

（4）罚金、罚款和被没收财物的损失。

（5）企业发生的公益性捐赠支出以外的捐赠支出。企业发生的公益性捐赠支出，在年度利润总额12%以内的部分，准予在计算应纳税所得额时扣除。

（6）赞助支出，是指企业发生的与生产经营活动无关的各种非广告性支出。

（7）企业之间支付的管理费、企业内营业机构之间支付的租金和特许权使用费，以及非银行企业内营业机构之间支付的利息。

（8）与取得收入无关的其他支出。

6. 职工福利费、工会经费和职工教育经费支出的税前扣除

（1）企业发生的职工福利费支出，不超过工资薪金总额14%的部分，准予扣除。

（2）企业拨缴的工会经费，不超过工资薪金总额2%的部分，准予扣除。

（3）除国务院财政、税务主管部门另有规定外，企业发生的职工教育经费支出，不超过工资薪金总额2.5%的部分，准予扣除；超过部分，准予在以后纳税年度结转扣除。

7. 亏损弥补

纳税人发生年度亏损的，可以用下一纳税年度的所得弥补；下一纳税年度的所得不足弥补的，可以逐年延续弥补，但是延续弥补期最长不得超过5年。

【例】E企业为符合条件的小型微利企业，2013年收入总额为1 600万元，发生相关成本、费用、税金合计600万元。计算该企业应缴纳的企业所得税为多少。

【解析】符合条件的小型微利企业的企业所得税税率为20%，计算方法：

应纳税额 =（1 600－600）×20% = 200（万元）

（五）企业所得税征收管理

1. 纳税地点

居民企业一般以企业登记注册地为纳税地点，但登记注册地在境外的，以企业实际管理机构所在地为纳税地点。

居民企业在中国境内设立的不具有法人资格的分支或营业机

构，由该居民企业汇总计算并缴纳企业所得税。

2. 纳税期限

企业所得税实行按年（自公历 1 月 1 日起到 12 月 31 日止）计算，分月或分季预缴，年终汇算清缴（年终后 5 个月内进行）、多退少补的征纳方法。

纳税人在一个年度中间开业，或者由于合并、关闭等原因，使该纳税年度的实际经营期不足 12 个月的，应当以其实际经营期为一个纳税年度。

3. 纳税申报

按月或按季预缴的，应当自月份或季度终了之日起 15 日内，向税务机关报送预缴企业所得税纳税申报表，预缴税款。

● **题型分析**

1. 单项选择题

【例】据《企业所得税法》规定，国家需要重点扶持的高新技术企业，可以按较低的税率征收企业所得税，该税率是（　　）

    A. 20%　　　　　　　　B. 25%

    C. 15%　　　　　　　　D. 10%

【答案】C

【解析】根据《企业所得税法》规定，国家需要重点扶持的高新技术企业，减按 15% 的税率征收企业所得税。

2. 多项选择题

【例】下列各项属于企业所得税的免税收入的有（　　）。

    A. 国债利息收入

    B. 符合条件的居民企业之间的股息、红利等权益性收入

    C. 财政拨款

    D. 符合条件的非营利性组织的收入

【答案】ABD

【解析】财政拨款属于不征税收入而不是免税收入。

3. 判断题

【例】企业所得税实行比例税率。　　　　　　（　）

【答案】√

【解析】企业所得税实行比例税率，其基本税率为 25%。

【考点 7】 个人所得税

（一）个人所得税的概念

个人所得税是以个人（自然人）取得的各项应税所得为征税对象所征收的一种税。

（二）个人所得税的纳税义务人

个人所得税的纳税义务人，以住所和居住时间为标准分为居民纳税义务人和非居民纳税义务人。

1. 居民纳税义务人

居民纳税义务人是指在中国境内有住所，或者无住所但在中国境内居住满 1 年的个人。居民纳税义务人负有无限纳税义务，其从中国境内和境外取得的所得，都要在中国缴纳个人所得税。

2. 非居民纳税义务人

非居民纳税义务人是指在中国境内无住所又不居住，或者无住所而在中国境内居住不满 1 年的个人。非居民纳税义务人承担有限纳税义务，仅就其从中国境内取得的所得，在中国缴纳个人所得税。

（三）个人所得税的应税项目和税率

1. 个人所得税的应税项目

现行个人所得税共有 11 个应税项目：①工资、薪金所得；②个体工商户的生产、经营所得；③企事业单位的承包经营、承租经营所得；④劳务报酬所得；⑤稿酬所得；⑥特许权使用费所得；⑦利息、股息、红利所得；⑧财产租赁所得；⑨财产转让所得（指个人转让有价证券、股票、建筑物、土地使用权、机器设备、车船以及其他财产取得的所得）；⑩偶然所得（指个人得奖、中奖、中彩以及其他偶然性质的所得）；⑪经国务院财政部门确定征税的其他所得。

2. 个人所得税税率

（1）工资、薪金所得，适用3%~45%的超额累进税率。

级数	全月应纳税所得额（含税级距）	税率(%)	速算扣除数
1	不超过1 500元	3	0
2	超过1 500元至4 500元的部分	10	105
3	超过4 500元至9 000元的部分	20	555
4	超过9 000元至35 000元的部分	25	1 005
5	超过35 000元至55 000元的部分	30	2 775
6	超过55 000元至80 000元的部分	35	5 505
7	超过80 000元的部分	45	13 505

（2）个体工商户的生产、经营所得和对企事业单位的承包经营、承租经营所得，适用5%~35%的超额累进税率。

级数	全年应纳税所得额（含税级距）	税率(%)	速算扣除数
1	不超过15 000元	5	0
2	超过15 000元至30 000元的部分	10	750
3	超过30 000元至60 000元的部分	20	3 750
4	超过60 000元至100 000元的部分	30	9 750
5	超过100 000元的部分	35	14 750

3. 稿酬所得

稿酬所得适用比例税率，税率为20%，并按应纳税额减征30%，故其实际税率为14%。

4. 劳务报酬所得

劳务报酬所得适用比例税率，税率为 20%。对劳务报酬所得一次收入畸高的，可以实行加成征收。

级数	每次应纳税所得额（含税级距）	税率(%)	速算扣除数
1	不超过 20 000 元	20	0
2	超过 20 000 元至 50 000 元的部分	30	2 000
3	超过 50 000 元	40	7 000

5. 特许权使用费所得

特许权使用费所得，利息、股息、红利所得，财产转让所得，偶然所得和其他所得，适用比例税率，税率为 20%。

（四）个人所得税应纳税额的计算

1. 工资、薪金所得，以每月收入额减除费用 3 500 元后的余额，为应纳税所得额。

应纳税额＝应纳税所得额×适用税率－速算扣除数

＝（每月收入额－3 500 元）×适用税率－速算扣除数

【例】小李 2014 年 5 月的工资收入（扣除"五险一金"后）为 10 000 元人民币，计算小李当月应缴纳的个人所得税税额为多少。

【解析】计算方法为：

应纳税所得额＝10 000－3 500＝6 500（元）

6 500 元适用税率 20%，速算扣除数为 555。

应纳税额＝6 500×20%－555＝745（元）

2. 个体工商户的生产、经营所得，以每一纳税年度的收入总额减去成本、费用及损失后的余额，为应纳税所得额。

应纳税额＝应纳税所得额×适用税率－速算扣除数

＝（收入总额－成本、费用以及损失等）×适用税率

－速算扣除数

【例】某个体工商户 2013 年取得收入总额 500 000 元，成本费用为 350 000 元，上年亏损 80 000 元。计算该个体工商户应缴纳的个人所得税为多少。

【解析】计算方法为：

应纳税所得额＝500 000－350 000－80 000＝70 000（元）

适用税率 30%，速算扣除数为 9 750。

应纳税额＝70 000×30%－9 750＝11 250（元）

3. 对企事业单位的承包经营、承租经营所得，以每一纳税年度的收入总额，减去必要的费用后的余额，为应纳税所得额。减去必要费用，是指按月减去 3 500 元。

应纳税额＝应纳税所得额×适用税率－速算扣除数

＝（纳税年度收入总额－必要费用）×适用税率－速算扣除数

4. 劳务报酬所得应纳税所得额的计算公式：

（1）每次收入不足 4 000 元的，应纳税额＝（每次收入额－800）×20%；

（2）每次收入超过 4 000 元的，应纳税额＝每次收入额×（1－20%）×20%。

（3）每次收入的应纳税所得额超过 20 000 元的，应纳税额＝每次收入额×（1－20%）×适用税率－速算扣除数

【例】某教授利用业余时间为某培训机构做讲座，获得一次性劳务报酬 5 000 元，计算该工程师应缴纳的个人所得税税额为多少。

【解析】计算方法为：

应纳税额＝5 000×（1－20%）×20%＝800（元）

【例】某工程师利用业余时间为一家企业完成产品设计，获得一次性劳务报酬 30 000 元人民币，计算该工程师应缴纳的个人所得税税额为多少。

【解析】劳务报酬一次收入畸高的，实行加成征收。计算方法为：

应纳税所得额 = 30 000×（1-20%）= 24 000（元）

适用税率30%，速算扣除数2 000。

应纳税额 = 24 000×30%-2 000 = 5 200（元）

5. 稿酬所得应纳税额的计算公式为：

（1）每次收入不足4 000元的，应纳税额 =（每次收入额-800）×20%×（1-30%）；

（2）每次收入在4 000元以上的，应纳税额 = 每次收入额×（1-20%）×20%×（1-30%）。

【例】某作家出版一本小说，获得稿酬60 000元人民币，计算该作家应缴纳的个人所得税数额为多少。

【解析】稿酬所得，减征30%。计算方法为：

应纳税额 = 60 000×（1-20%）×20%×（1-30%）= 6 720(元)

6. 财产转让所得应纳税额的计算公式为：

应纳税额 = 应纳税所得额×适用税率

= （收入总额-财产原值-合理税费）×20%

【例】张某2012年购置一处房产，支付买家50万元，2014年2月将其转让，取得转让收入90万元，不考虑其他税费。计算张某当月应缴纳多少个人所得税。

【解析】计算方法：

应纳税额 =（90-50）×20% = 8（万元）

7. 利息、股息、红利所得应纳税额的计算公式为：

应纳税额 = 应纳税所得额×适用税率 = 每次收入额×20%

【例】王某购买家电时，参加商场抽奖，中得价值3 000元的冰箱一台，计算王某应为此缴纳多少个人所得税。

【解析】计算方法：

应纳税额 = 3 000×20% = 600（元）

（五）个人所得税征收管理

1. 自行申报

自行申报是由纳税人自行在税法规定的纳税期限内，向税务机关申报取得的应税所得项目和数额，如实填写个人所得税纳税申报表，并按照税法规定计算应纳税额，据此缴纳个人所得税的一种方法。

下列人员为自行申报纳税的纳税义务人：

（1）年所得 12 万元以上的。

（2）从中国境内两处或者两处以上取得工资、薪金所得的。

（3）从中国境外取得所得的。

（4）取得应纳税所得，没有扣缴义务人的。

（5）国务院规定的其他情形。

2. 代扣代缴

代扣代缴是指按照税法规定负有扣缴税款义务的单位或个人，在向个人支付应纳税所得时，应计算应纳税额，从其所得中扣除并缴入国库，同时向税务机关报送扣缴个人所得税报告表。

凡支付个人应纳税所得的企业、事业单位、社会团体、军队、驻华机构（不含依法享有外交特权和豁免的驻华使领馆、联合国及其国际组织驻华机构）、个体户等单位或者个人，为个人所得税的扣缴义务人。

●题型分析

1. 单项选择题

【例】某演员参加营业性演出，一次获得表演收入 10 000 元，其应纳个人所得税为（　　）。

　　A. 1 600 元　　　　　　　B. 1 840 元

　　C. 1 120 元　　　　　　　D. 1 288 元

【答案】A

【解析】演员演出收入按照"劳务报酬所得"征收个人所得

税。计算方法为 10 000×(1-20%)×20% = 1 600 (元)。

2. 多项选择题

【例】根据我国《个人所得税法》规定，下列项目中，可以直接作为个人所得税应税所得额的有 (　　)

A. 中奖奖金　　　　　　B. 稿酬

C. 企业债券利息　　　　D. 股票转让所得

【答案】ACD

【解析】可以直接作为个人所得税应税所得额的是股息利息、红利所得及偶然所得，所以应选 ACD 选项。

3. 判断题

【例】我国个人所得税法规定的居民纳税人是在中国境内有住所并且居住满 1 个纳税年度的个人。　　　　　　(　　)

【答案】×

【解析】判断居民纳税人的两个标准，有住所和居住满 1 年，只要具备其一，就可以成为居民纳税人。

第三节　税收征收管理

【考点 8】税务登记

税务登记是税务机关依据税法规定，对纳税人的生产、经营活动进行登记管理的一项法定制度，也是纳税人依法履行纳税义务的法定手续。税务登记是整个税收征收管理的起点。

具有应税收入、应税财产或应税行为的各类纳税人都应当依照有关规定办理税务登记；扣缴义务人应当在发生扣缴义务时，到税务机关申报登记，领取扣缴税款凭证。

税务登记种类包括：开业登记，变更登记，停业、复业登记，注销登记，外出经营报验登记，税务登记证管理、扣缴税款登记。

（一）开业登记

1. 企业、单位和个人自领取工商行政管理部门核发的营业执照之日起 30 日内，持有关证件向生产、经营地或者纳税义务发生地的主管税务机关申报办理税务登记。

2. 税务机关应当自收到税务登记申报之日起 30 日内审核完毕，对于符合规定的纳税人予以登记，发给税务登记证及其副本。对于不符合规定的不予登记，但应在 30 日内予以答复。

3. 税务登记证的作用：开立银行账户；申请减税、免税、退税；申请办理延期申报、延期缴纳税款；领购发票；申请开具外出经营活动税收管理证明；办理停业、歇业；其他有关税务事项。

注意：税务登记证件不得转借、涂改、损毁、买卖或者伪造。

（二）变更登记

纳税人税务登记内容发生变化的，应自工商行政管理机关或者其他机关办理变更登记之日起 30 日内，持有关证件向原税务登记机关申报办理税务登记。

注意：开业登记时税务登记表的内容发生变化，应办理变更登记。

（三）停业、复业登记

停业、复业登记仅适用于实行定期定额征收方式的纳税人。停业期满未按期复业又不申请延长停业的，税务机关应视为已恢复营业，实施正常的税收征收管理。

（四）注销登记

除纳税人发生解散、破产、撤销以及其他情形外，纳税人生产、经营场所发生变化，需改变主管税务机关的，也需先办理注销登记。

纳税人应当在向工商管理机关或有关机关申请办理注销登记前向税务机关申报办理注销税务登记。纳税人被工商行政管理机关吊销营业执照的，应当自营业执照被吊销之日起 15 日内，向原税务机关申报办理注销登记。

（五）外出经营报验登记

从事生产、经营的纳税人到外县（市）进行生产经营的，应当向主管税务机关申请开具外出经营活动税收管理证明。在到达经营地进行生产、经营前向经营地税务机关申请报验登记。

（六）纳税人税种登记

纳税人在办理开业或变更税务登记的同时应当申请填报税种登记，由此认定纳税人所适用的税种、税目、税率、报缴税款期限、征收方式和缴库方式等。税务机关自受理之日起 3 日内进行税种登记。

（七）扣缴义务人扣缴税款登记

扣缴义务人应当自扣缴义务发生之日起 30 日内，向所在地主管税务机关申报办理扣缴税款登记，领取扣缴税款登记证件；对已办理税务登记的扣缴义务人，可以只在其税务登记证件上登记扣缴税款事项，不再发给扣缴税款登记证件。

● 题型分析

1. 单项选择题

【例】下列各项中，需要办理税务登记的是（　　）。

    A. 国家机关　　　　　　B. 个人

    C. 流动商贩　　　　　　D. 企业

【答案】D

【解析】根据规定，除国家机关、个人和无固定生产经营场所的流动性小商贩外，企事业单位及个体工商户均需要进行税务登记。

2. 多项选择题

【例】税务登记证的作用有（　　　）

　　A. 开立银行账户

　　B. 申请减税、免税、退税

　　C. 申请办理延期申报

　　D. 领购发票

【答案】ABCD

【解析】税务登记证的作用包括开立银行账户；申请减税、免税、退税；申请办理延期申报、延期缴纳税款；领购发票；申请开具外出经营活动税收管理证明；办理停业、歇业；其他有关税务事项。

3. 判断题

【例】企业、单位和个人自领取工商行政管理部门核发的营业执照之日起 30 日内，持有关证件向生产、经营地或者纳税义务发生地的主管税务机关申报办理税务登记。　（　　　）

【答案】√

【考点 9】 发票开具与管理

（一）发票的种类

发票是指在购销商品、提供劳务或接受劳务、服务以及从事其他经营活动，所提供给对方的收付款的凭证。较为常见的发票有：①增值税专用发票；②普通发票；③专业发票。

1. 增值税专用发票

增值税专用发票只限于增值税一般纳税人领购适用，小规模纳税人不得领购适用。

增值税专用发票基本联次为四联，分别为存根联、发票联、抵扣联、记账联。其中存根联和记账联为销货方持有，发票联和抵扣联为购货方持有。

2. 普通发票

普通发票主要由营业税纳税人和增值税小规模纳税人适用，增值税一般纳税人在不能开具专用发票的情况下也可以使用普通发票。

普通发票由行业发票和专用发票组成。行业发票适用于某个行业，如商业零售统一发票、工业企业产品销售统一发票；专用发票仅适用于某一经营项目，如商品房销售发票、广告费用结算发票等。此处的专用发票不同于增值税专用发票。

普通发票一般为三联，无抵扣联。

3. 专业发票

专业发票是指国有金融、保险企业的存贷、汇兑、转账凭证、保险凭证；国有邮政、电信企业的邮票、邮单、话务、电报收据；国有铁路、航空和交通部门、国有公路、水上运输企业的客票、货票等。

（二）发票的开具要求

1. 单位和个人应在发生经营业务、确认营业收入时，才能开具发票。

2. 单位和个人开具发票时应按号码顺序填开，填写项目齐全、内容真实、字迹清楚、全部联次一次性复写或打印，内容完全一致，并在发票联和抵扣联加盖单位财务印章或者发票专用章。

3. 填写发票应当使用中文。民族自治地区可以同时使用当地通用的一种民族文字；外商投资企业和外资企业可以同时使用一种外国文字。

4. 使用电子计算机开具发票必须报主管税务机关批准，并使用税务机关统一监制的机打发票。

5. 开具发票时限、地点应符合规定。

6. 任何单位和个人不得转借、转让、代开发票。未经税务机关批准，不得拆本使用发票，不得自行扩大专业发票适用范围。

●题型分析

1. 单项选择题

【例】下列各项中，属于行业发票的是（　　　）

A. 广告费用结算发票　　　B. 商业批发统一发票

C. 保险凭证　　　　　　　D. 商品房销售发票

【答案】B

【解析】行业发票是适用于某个行业的经营业务，如商业零售统一发票、商业批发统一发票、工业企业产品销售统一发票等。

2. 多项选择题

【例】关于发票的表述中，下列正确的有（　　　）

A. 单位可以根据实际需要代开发票

B. 使用电子计算机开具发票必须使用税务机关统一监制的机打发票

C. 专业发票就是专用发票

D. 禁止私自印制、伪造、变造、销售发票

【答案】BD

【解析】根据我国的《发票管理办法》规定，任何单位和个人不得转借、转让和代开发票，所以 A 选项错误；专业发票是指国有金融、保险企业的存贷、汇兑、转账凭证、保险凭证；国有邮政、电信企业的邮票、邮单、话务、电报收据；国有铁路、航空和交通部门、国有公路、水上运输企业的客票、货票等，而专用发票是普通发票中仅适用于某一经营项目的发票，二者不是一个概念，因此 C 选项错误。

3. 判断题

【例】外商投资企业开具发票可以使用一种外国文字。

（　　　）

【答案】×

【解析】填写发票应当使用中文。外商投资企业和外资企业可以同时使用一种外国文字。

【考点10】 纳税申报

纳税申报是指纳税人、扣缴义务人按照税法规定的期限和内容向税务机关提交有关纳税事项书面报告的法律行为，是纳税人履行纳税义务、承担法律责任的主要依据，是税务机关税收管理信息的主要来源和税务管理的一项重要制度。

纳税人办理纳税申报主要采取方式有：

1. 直接申报。直接申报分为直接到办税服务厅申报、到巡回征收点申报和到代征地申报三种。

2. 邮寄申报。邮寄申报以寄出地的邮局的邮戳日期为实际申报日期。

3. 数据电文申报。数据电文申报包括电子数据交换、电子邮件、电报、电传或者传真以及网上申报等形式。

4. 简易申报。简易申报仅适用于定期定额征收的纳税人。它是指经税务机关批准，通过以缴纳税款凭证代替申报或者简并征期的一种申报方式。

5. 其他方式。其他方式如委托他人代理向税务机关办理纳税申报或者报送代扣代缴、代收代缴报告表等。

●题型分析

1. 单项选择题

【例】下列各项中，属于纳税义务人享有的权利是（　　）

A. 进行纳税申报　　　　B. 办理税务登记

C. 申请延期纳税　　　　D. 依法缴纳税款

【答案】C

【解析】ABD 均为纳税义务人应承担的义务，只有 C 选项为纳税义务人应享有的权利。

2. 多项选择题

【例】下列属于纳税申报方式中直接申报的有（   ）

A. 直接到办税服务厅申报

B. 到巡回征收点申报

C. 到代征地申报

D. 邮寄申报

【答案】ABC

【解析】直接申报，分为直接到办税服务厅申报、到巡回征收点申报和到代征地申报三种。

3. 判断题

【例】简易申报，仅适用于代扣代缴征收的纳税人。（   ）

【答案】×

【解析】简易申报，仅适用于定期定额征收的纳税人。

【考点 11】税款征收

（一）税款征收概念

税款征收是税务机关依照税收法律、法规的规定，将纳税人应当缴纳的税款组织入库的一系列活动的总称。

（二）税款征收方式

税款征收方式是指税务机关根据各种税种的不同特点和纳税人生产经营和财务管理情况，以及便于征收和保证税款及时足额入库的原则，确定的计算、征收税款入库的方法。

1. 查账征收。根据账簿记载计算缴纳税款的方式，适用于财务会计制度健全、能够如实核算和提供生产经营情况、正确计算应纳税款的纳税人。

2. 查定征收，根据查定纳税人的实物量而确定其应纳税额的方式，适用于产品零星、税源分散、会计账册不健全，但是能够控制原材料或进销货的纳税人。

3. 查验征收，通过对应税产品进行查验后征税的方式，适用于财务制度不健全，生产经营不固定，零星分散、流动性大的纳税人。

4. 定期定额征收，适用于生产规模小，达不到有关设置账簿标准，难以查账征收，不能准确计算计税依据的个体工商户。

5. 核定征收，是指由于纳税人的会计账簿不健全，资料残缺难以查账，或者其他原因难以准确确定纳税人应纳税额时，由税务机关采用合理的方法依法核定纳税人应纳税款的一种征收方式。

我国《税收征管法》第三十五条规定：纳税人有下列情形之一的，税务机关有权核定其应纳税额：

（1）依照法律、行政法规的规定可以不设置账簿的；

（2）依照法律、行政法规的规定应当设置但未设置账簿的；

（3）擅自销毁账簿或者拒不提供纳税资料的；

（4）虽设置账簿，但账目混乱或者成本资料、收入凭证、费用凭证残缺不全，难以查账的；

（5）发生纳税义务，未按照规定的期限办理纳税申报，经税务机关责令限期申报，逾期仍不申报的；

（6）纳税人申报的计税依据明显偏低，又无正当理由的。

6. 代扣代缴，支付个人应纳税所得的单位，应代扣代缴个人所得税。

7. 代收代缴，受托加工应缴营业税的消费品，由受托方代收代缴消费税。

8. 委托征收，指受托单位按照税务机关核发的代征证书的要求，以税务机关的名义向纳税人征收零散税款的一种税款征收方式。

9. 其他方式，如采取网络申报、IC 卡纳税、邮寄纳税等。

●**题型分析**

1. 单项选择题

【例】（　　　）适用于生产规模小，达不到有关设置账簿标准，难以查账征收，不能准确计算计税依据的个体工商户。

　　A. 查账征收　　　　　　　B. 查验征收

　　C. 查定征收　　　　　　　D. 定期定额征收

【答案】D

【解析】定期定额征收，适用于生产规模小，达不到有关设置账簿标准，难以查账征收，不能准确计算计税依据的个体工商户。

2. 多项选择题

【例】目前的税款征收方式主要有（　。　）。

　　A. 查账征收　　　　　　　B. 查验征收

　　C. 代扣代缴　　　　　　　D. 委托征收

【答案】ABCD

【解析】我国税款征收方式包括查账征收、查验征收、查定征收、定期定额征收、代扣代缴、代收代缴、委托征收及其他方式。

3. 判断题

【例】代收代缴指受托单位按照税务机关核发的代征证书的要求，以税务机关的名义向纳税人征收零散税款的一种税款征收方式。　　　　　　　　　　　　　　　　　　（　　　）

【答案】×

【解析】委托征收指受托单位按照税务机关核发的代征证书的要求，以税务机关的名义向纳税人征收零散税款的一种税款征收方式。

【考点 12】 税务代理

（一）税务代理的概念

税务代理指代理人接受纳税主体的委托，在法定的代理范围内依法代其办理相关税务事宜的行为。

（二）税务代理的特点

税务代理的特点：中介性、法定性、自愿性、公正性。

（三）税务代理人

税务代理人是指具有税务代理资格的机构和人员，即具有进行税务代理的相关知识、经验和能力，具有税务代理资格，经国家税务总局及省、自治区、直辖市国家税务局批准，从事税务代理的专门人员及其工作机构。税务代理人在其权限内，以纳税人（含扣缴义务人）的名义代为办理纳税申报，申办、变更、注销税务登记证，申请减免税，设置保管账簿凭证，进行税务行政复议和诉讼等纳税事项的服务活动。

从事税务代理的专门人员称为税务师，税务师必须加入税务代理机构才能从事税务代理业务，一个税务师只能加入一个税务代理机构。

（四）税务代理的法定业务范围

税务代理的法定业务范围：办理税务登记、变更税务登记和注销税务登记；办理发票领购手续；办理纳税申报和扣缴税款报告；办理缴纳税款和申请退税；制作涉税文书；审查纳税请款；建账建制，办理账务；开展税务咨询、受聘税务顾问；申请税务行政复议或税务行政诉讼等。

●题型分析

1. 单项选择题

【例】下列不属于税务代理特点的是（　　　）

　　A. 中介性　　　　　　　　B. 自愿性

    C. 无偿性   D. 公正性

【答案】C

【解析】税务代理的特点包括中介性、法定性、自愿性、公正性。税务代理为有偿服务，所以 C 选项错误。

2. 多项选择题

【例】税务代理人可以接受纳税人、扣缴义务人的委托从事（   ）的业务代理。

    A. 办理发票领购手续   B. 制作涉税文件

    C. 办理税务登记   D. 建账建制，办理账务

【答案】ABCD

【解析】税务代理的法定业务范围包括办理税务登记、变更税务登记和注销税务登记；办理发票领购手续；办理纳税申报和扣缴税款报告；办理缴纳税款和申请退税；制作涉税文书；审查纳税请款；建账建制，办理账务；开展税务咨询、受聘税务顾问；申请税务行政复议或税务行政诉讼等。

3. 判断题

【例】从事税务代理的专门人员称为税务师，税务师必须加入税务代理机构才能从事税务代理业务。   （   ）

【答案】√

【考点13】税务检查

（一）税务检查的概念

税务检查是税务机关根据税收法律、行政法规的规定，对纳税人、扣缴义务人履行纳税义务、扣缴义务及其他有关税务事项进行审查、核实、监督活动的总称。

（二）税务检查的范围

1. 检查纳税人的账簿、记账凭证、报表和有关资料，检查扣缴义务人代扣代缴、代收代缴税款账簿、记账凭证和有关资料。

2. 到纳税人的生产、经营场所和货物存放地检查纳税人应纳税的商品、货物或者其他财产，检查扣缴义务人与代扣代缴、代收代缴税款有关的经营情况。

3. 责成纳税人、扣缴义务人提供与纳税或者代扣代缴、代收代缴税款有关的文件、证明材料和有关资料。

4. 询问纳税人、扣缴义务人与纳税或者代扣代缴、代收代缴税款有关的问题和情况。

5. 到车站、码头、机场、邮政企业及其分支机构检查纳税人托运、邮寄应纳税商品、货物或者其他财产的有关单据、凭证和有关资料。

6. 经县以上税务局（分局）局长批准，凭全国统一格式的检查存款账户许可证明，查询从事生产、经营的纳税人、扣缴义务人在银行或者其他金融机构的存款账户。税务机关调查税收违法案件时，经设区的市、自治州以上税务局（分局）局长批准，可以查询案件涉嫌人员的储蓄存款。

（三）税务检查的形式

税务检查的形式包括重点检查、分类计划检查、集中性检查、临时性检查、专项检查等。

（四）税收保全措施和强制执行措施

税务机关在进行税务检查时，发现纳税人有逃避纳税义务的行为，并有明显转移、隐匿其应纳税的商品、货物、其他财产或者应纳税收入迹象的，可以按照批准权限采取税收保全措施或者强制执行措施。

1. 税收保全措施

税务机关有根据认为从事生产、经营的纳税人有逃避纳税义务行为时，可以在规定的纳税期之前，责令限期缴纳税款；

在限期内发现纳税人有明显的转移、隐匿其应纳税商品、货物以及其他财产的迹象时，税务机关应责令其提供纳税担保；

如不能提供纳税担保的，经县以上税务局（分局）局长批准，税务机关可以书面通知纳税人开户银行或其他金融机构冻结纳税人金额相当于应纳税款的存款，扣押、查封纳税人的价值相当于应纳税款的商品、货物或者其他财产，通知出境机关阻止其出境。

个人及其所抚养的家属维持生活必需的住房和用品，不在税收保全措施的范围之内。

2. 税收强制执行

适用情形：从事生产、经营的纳税人、扣缴义务人未按照规定的期限缴纳或者解缴税款，纳税担保人未按照规定期限缴纳所担保的税款，税务机关责令限期缴纳，逾期仍未缴纳的。

措施：经县以上税务局（分局）局长批准，税务机关可以书面通知其开户银行或者其他金融机构从其存款中扣缴税款，扣缴、查封、依法拍卖或者变卖其价值相当于应纳税款的商品、货物或者其他财产，以拍卖或者变卖所得抵交税款。

注意：未缴纳的滞纳金同时强制执行；个人及其所抚养家属维持生活所必需的住房和用品，不在强制执行措施的范围内。

●题型分析

1. 单项选择题

【例】下列选项中，属于税收保全措施的是（ ）。

 A. 拍卖纳税人的金额相当于应纳税款的商品，货物或者其他财产以抵缴税款

 B. 变卖纳税人的商品，货物或者其他财产抵缴税款

 C. 书面通知纳税人开户银行或者其他金融机构冻结纳税人的金额相当于应纳税款的存款

 D. 书面通知纳税人开户银行或者其他金融机构缴纳相当于税款的存款

【答案】C

【解析】税收保全措施主要是限制纳税人处理或转移商品、货物或其他财产的措施，而不是处置纳税人的财产，因此应选 C。ABD 为税收强制执行。

2. 多项选择题

【例】关于税收保全措施，下列说法正确的有（　　）

    A. 冻结的存款数额应当以纳税人应纳税款的数额为限

    B. 税收保全应当由市级以上税务局（分局）局长批准

    C. 个人及其所抚养的家属维持生活必需的住房和用品，不在税收保全措施的范围之内

    D. 应当通知出境机关阻止相关纳税人出境

【答案】ACD

【解析】税收保全应当由县以上税务局（分局）局长批准，所以 B 选项错误。

3. 判断题

【例】税务机关有权检查纳税人账簿、记账凭证、报表和有关资料，但只能到纳税人单位检查；调出检查时，纳税人有权拒绝。　　　　　　　　　　　　　　　　　　　（　　）

【答案】×

【解析】税务机关在实施税务检查工作中，可以依法将被查对象的账簿、凭证、报表和其他有关资料调回税务机关进行检查。

【考点 14】税收法律责任

（一）税收法律责任的概念

税收法律责任，是指税收法律关系的主体因违反税收法律规范所应承担的法律后果。

（二）税收法律责任类型

税收法律责任可分为行政责任和刑事责任。

1. 税务违法行政处罚

税务违法行政处罚包括：责令限期改正；罚款；没收财产；收缴未用发票和暂停供应发票；停止出口退税权。

2. 税务违法刑事处罚

根据我国《刑法》规定，刑罚分为主刑和附加刑。主刑分为管制、拘役、有期徒刑、无期徒刑和死刑。附加刑分为罚金、剥夺政治权利、没收财产、驱逐出境。

情节严重的下列行为，构成犯罪的，应当追究刑事责任：

（1）纳税人伪造、变造、隐匿、擅自销毁账簿、记账凭证，或者在账簿上多列支出或者不列、少列收入，或者经税务机关通知申报而拒不申报或者进行虚假的纳税申报，不缴或者少缴应纳税款的。

（2）纳税人欠缴应纳税款，采取转移或者隐匿财产的手段，妨碍税务机关追缴欠缴的税款的。

（3）以假报出口或者其他欺骗手段，骗取国家出口退税款。

（4）以暴力、威胁方法拒不缴纳税款的。

（5）非法印制发票的。

（6）未经税务机关依法委托征收税款的，致使他人合法权益受到损失的。

（7）税务人员徇私舞弊，对依法应当移交司法机关追究刑事责任的不移交。

（8）税务人员与纳税人、扣缴义务人勾结，唆使或者协助纳税人、扣缴义务人偷逃税款行为的。

（9）税务人员徇私舞弊或者玩忽职守，不征或者少征应征税款，致使国家税收遭受重大损失。

（10）税务人员对控告、检举税收违法违纪行为的纳税人、扣缴义务人以及其他检举人进行打击报复的。

●**题型分析**

1. 多项选择题

【例】下列各项，属于纳税人违反法律规定，将受到的税务违法行政处罚的具体形式有（　　）。

A. 责令限期改正

B. 收缴未用发票和暂停供应发票

C. 停止出口退税权

D. 罚金

【答案】ABC

【解析】罚金属于刑事处罚中的附加刑。

2. 判断题

【例】税务人员对控告、检举税收违法违纪行为的纳税人、扣缴义务人以及其他检举人进行打击报复的，情节严重，构成犯罪的，应追究刑事责任。　　　　　　　　（　　）

【答案】√

【解析】该表述符合法律规定。

【考点15】**税务行政复议**

（一）税务行政复议的概念

税务行政复议是指当事人（纳税人、扣缴义务人、纳税担保人及其他税务当事人）对税务机关及其工作人员作出的税务具体行政行为不服，依法向上一级税务机关（复议机关）提出申请，复议机关对具体行政行为的合法性、合理性作出裁决。

（二）税务行政复议的程序

纳税人、扣缴义务人、纳税担保人同税务机关在纳税上发生争议时，必须先依照税务机关的纳税决定缴纳或者解缴税款及滞纳金或者提供相应的担保，然后可以申请行政复议。对行政复议决定不服的，可以依法向人民法院起诉。

　　当事人对税务机关的处罚决定、强制执行措施或者税收保全措施不服的，可以依法申请行政复议，也可以依法向人民法院起诉。

　　（三）行政复议机关

　　对省级以下各级地方税务局做出的税务具体行政行为不服的，向上一级机关申请复议。

　　对省级地方税务局做出的具体行政行为不服的，向国家税务总局或者省级人民政府申请复议。

　　对国家税务总局做出的具体行政行为不服的，向国家税务总局申请行政复议。对行政复议决定不服，申请人可以向人民法院提起行政诉讼，也可以向国务院申请裁决，国务院的裁决为终局裁决。

　　●题型分析

　　1.单项选择题

　　【例】（　　　）是指当事人对税务机关及其工作人员做出的税务具体行政行为不服，依法向上一级税务机关提出申请，复议机关对具体行政行为的合法性、合理性作出裁决。

　　　A.税务行政复议　　　　　B.税务行政诉讼

　　　C.税收保全措施　　　　　D.税收强制执行

　　【答案】A

　　【解析】该表述为税务行政复议的概念。

　　2.多项选择题

　　【例】当事人对税务机关的（　　　）不服的，可以依法申请行政复议。

　　　A.处罚决定　　　　　　　B.强制执行措施

　　　C.税收保全措施　　　　　D.税务登记

　　【答案】ABC

　　【解析】当事人对税务机关及其工作人员作出的税务具体行

政行为不服，依法向上一级税务机关（复议机关）提出行政复议申请。税务具体行政行为包括税务机关的处罚决定、强制执行措施或者税收保全措施不服。

3. 判断题

对省级以下各级地方税务局做出的税务具体行政行为不服的，向本级人民政府或上一级机关申请复议。　　　　（　　）

【答案】×

【解析】对省级以下各级地方税务局做出的税务具体行政行为不服的，向上一级机关申请复议。

● 考点训练

一、单项选择题

1. 下列各项中，不属于税收特征的有（　　）。
　　A. 强制性　　　　　　　B. 固定性
　　C. 分配性　　　　　　　D. 无偿性

2. 下列各项属于税法的核心要素是（　　）。
　　A. 税目　　　　　　　　B. 税率
　　C. 计税依据　　　　　　D. 法律责任

3. 增值税的纳税期限不包括（　　）。
　　A. 1日　　　　　　　　B. 7日
　　C. 一个月　　　　　　　D. 一个季度

4. 下列各项属于增值税征收范围的有（　　）。
　　A. 提供电信劳务　　　　B. 提供建筑劳务
　　C. 提供修理修配劳务　　D. 提供金融劳务

5. 下列各项属于营业税征收范围的是（　　）。
　　A. 销售货物　　　　　　B. 转让无形资产

　　C. 进口货物　　　　　　　D. 提供加工劳务

　　6. 某作家一次取得税前稿酬 3 万元，他应缴纳的个人所得税为（　　）元。

　　　　A. 3 360　　　　　　　　B. 4 800

　　　　C. 4 200　　　　　　　　D. 6 000

　　7. 某企业 2006—2012 年的盈余情况为：2006 年亏损 20 万；2007 年盈余 2 万；2008 年盈余 5 万；2009 年盈余 4 万；2010 年亏损 5 万；2011 年盈余 3 万；2012 年盈余 10 万。该企业 2012 年的企业所得税应纳税所得额为（　　）万。

　　　　A. 4　　　　　　　　　　B. 1

　　　　C. 5　　　　　　　　　　D. 10

　　8. 居民企业所得税的纳税地点为（　　）。

　　　　A. 登记注册地或实际管理机构所在地

　　　　B. 登记注册地

　　　　C. 机构所在地

　　　　D. 扣缴义务人所在地

　　9. 下列各项，不属于税收征管行为的是（　　）。

　　　　A. 税务检查　　　　　　　B. 税务登记

　　　　C. 工商登记　　　　　　　D. 税款征收

　　10. 铁路、公路、水上运输等单位使用的发票为（　　）。

　　　　A. 增值税专用发票　　　　B. 行业发票

　　　　C. 专业发票　　　　　　　D. 专用发票

二、多项选择题

　　1. 下列属于增值税税率或征收率的有（　　）。

　　　　A. 17%　　　　　　　　　B. 13%

　　　　C. 6%　　　　　　　　　　D. 3%

　　2. 增值税纳税人销售货物，适用 13% 低税率的有（　　）。

A. 杂志   B. 天然气

C. 农膜   D. 粮食

3. 适用3%营业税税率的行业有（   ）。

A. 电信业   B. 交通运输业

C. 邮政业   D. 建筑业

4. 增值税纳税人的下列行为，视同销售，计算缴纳增值税（   ）。

A. 将货物交付给其他单位或者个人代销

B. 销售代销货物

C. 设有两个以上机构并实行统一核算的纳税人，将货物从一个机构移送到其他机构用于销售，但相关机构设在同一县（市）的除外。

D. 将购进货物用于集体福利或个人消费

5. 下列关于混合销售的说法正确的有（   ）。

A. 混合销售是指一项销售行为既涉及货物销售又涉及提供非增值税应税劳务的销售行为。

B. 混合销售的销售货物和提供非应税劳务不同时发生在统一购买者身上，也不同时发生在同一销售行为中。

C. 从事货物的生产、批发或零售的企业的混合销售行为视为销售货物，应当缴纳增值税

D. 纳税人销售自产货物并同时提供建筑业劳务的混合销售行为应当分别核算货物的销售额和非增值税应税劳务的营业额，分别计算缴纳增值税和营业税。

6. 下列企业或机构纳税期限为1个季度，自纳税期满之日起15日内申报纳税的有（   ）。

A. 银行   B. 信托投资公司

C. 保险公司   D. 财务公司

7. 对于纳税人提供劳务、转让无形资产或销售不动产价格明

显偏低而无正当理由的，或者视同发生应税行为而无营业额的，税务机关可按一定顺序，选择（　　）方式确定其营业额。

  A. 按纳税人最近时期发生同类应税行为的平均价格核定

  B. 按其他纳税人最近时期发生同类应税行为的最高价格核定

  C. 按其他纳税人最近时期发生同类应税行为的平均价格核定

  D. 按组成计税价格确定

 8. 根据个人所得税法律制度的规定，下列各项适用超额累进税率的有（　　）。

  A. 财产转让所得   B. 偶然所得

  C. 工资、薪金所得 D. 个体工商户生产经营所得

 9. 下列属于税务代理的法定业务范围的有（　　）。

  A. 办理税务登记   B. 办理领购发票手续

  C. 办理纳税申报   D. 出具审计报告

 10. 根据我国《税收征管法》规定，下列情形情节严重，构成犯罪的，应当追究刑事责任。（　　）

  A. 非法印制发票

  B. 以暴力、威胁方法拒不缴纳税款

  C. 税务人员对控告、检举税收违法违纪行为的纳税人、扣缴义务人以及其他检举人进行打击报复的

  D. 以虚报出口或者其他欺骗手段，骗取国家出口退税款

三、判断题

 1. 从 2014 年 1 月 1 日起，将铁路运输和邮政服务业纳入营业税改征增值税试点，至此交通运输业已全部纳入营改增范围。

              （　　）

 2. 纳税人收取的销售额如为含税销售额的，应还原成不含税

销售额,才能够用于计算增值税应纳税额。　　　( )

3. 纳税人生产的应纳税消费品应在生产销售环节缴纳消费税,而金银饰品则在零售环节纳税。　　　( )

4. 使用木制一次性筷子应缴纳消费税,从价定率和从量定额复合征收。　　　( )

5. 计算企业所得税应纳税所得额时,企业发生的职工福利费支出,不超过工资薪金总额14%的部分,准予在税前扣除。
　　　( )

6. 凡支付个人应纳税所得的企业、事业单位、社会团体、军队、驻华机构(不含依法享有外交特权和豁免的驻华使领馆、联合国及其国际组织驻华机构),个体户等单位或者个人,为个人所得税的扣缴义务人。　　　( )

7. 对个体工商户取得的生产经营所得应征收企业所得税,不征收个人所得税。　　　( )

8. 税务登记证每年验审一次,每6年换证一次。　( )

9. 个体工商户在税法规定的免税优惠期限内的,可以不必办理税务登记。　　　( )

10. 对于符合条件的小型微利企业,其所得减按15%征收企业所得税。　　　( )

● 参考答案

一、单项选择题

1	2	3	4	5	6	7	8	9	10
C	B	B	C	B	A	C	C	A	C

二、多项选择题

1	2	3	4	5	6	7	8	9	10
ABCD	ABCD	AD	ABC	ACD	ABD	ABD	CD	ABC	ABCD

三、判断题

1	2	3	4	5	6	7	8	9	10
√	√	√	×	√	√	×	×	×	×

第四章　财政法律制度

● 考点概览

第四章 财政法律制度	基本概念	理论问题
第一节　预算法律制度	预算法律制度；国家预算；预算收入；预算支出；决算	国家预算的作用、五个级次划分；国家预算的构成；预算管理的职权；预算组织程序；决算的编制、审批和批复；预决算的监督
第二节　政府采购法律制度	政府采购；政府采购法律制度；政府采购当事人；集中采购代理机构；一般采购代理机构；公开招标、邀请招标、竞争性谈判、单一来源采购和询价采购	政府采购的原则、功能和执行模式；采购人、供应商的权利和义务；公开招标、邀请招标、竞争性谈判、单一来源采购和询价采购的适用条件；政府采购的监督检查
第三节　国库集中收付制度	国库集中收付制度；国库单一账户体系；国库单一账户、财政部门零余额账户、预算单位零余额账户、预算外资金专户、特设专户；直接缴库；集中汇缴；财政直接支付；财政授权支付	国库单一账户体系的构成；财政收入、财政支出的方式和程序

● 考点分析

第一节 预算法律制度

【考点 1】预算法律制度的构成

预算法律制度是指国家经过法定程序制定的，用以调整国家预算关系的法律、行政法规和相关规章制度。我国预算法律制度由《预算法》《预算法实施条例》以及有关国家预算管理的其他法规制度构成。

1.《预算法》

1994 年 3 月 22 日，第八届全国人民代表大会第二次会议通过《预算法》，自 1995 年 1 月 1 日起施行。该法共分 11 章 79 条，章名分别为：总则、预算管理职权、预算收支范围、预算编制、预算审查和批准、预算执行、预算调整、决算、监督、法律责任和附则。

该法是我国第一部财政基本法律，是我国国家预算管理工作的根本性法律以及制定其他预算法规的基本依据。它的颁布施行，对于强化预算的分配和监督职能，健全财政预算制度，加强国家宏观调控，保障经济和社会的健康发展，具有十分重要的意义。

2.《预算法实施条例》

为了贯彻实施《预算法》，使之更具操作性，为预算及其监督提供更为具体明确的行为准则，国务院于 1995 年 11 月 22 日颁布了《预算法实施条例》，共分为 8 章 79 条，章名分别为：总则、预算收支范围、预算编制、预算执行、预算调整、决算、监督和附则。《预算法实施条例》根据预算法所确立的基本原则和规定，对其中的有关法律概念，以及预算管理的方法和程序等作了具体规定。

● **题型分析**

1. 单项选择题

【例】《预算法》于（   ）施行，是我国第一部财政基本法律。

      A. 1994 年 3 月 22 日   B. 1995 年 1 月 1 日
      C. 1993 年 3 月 22 日   D. 1995 年 3 月 22 日

【答案】B

【解析】《预算法》于 1994 年 3 月 22 日，第八届全国人民代表大会第二次会议通过，自 1995 年 1 月 1 日起施行。

2. 判断题

【例】财政法是我国第一部财政基本法律。   （   ）

【答案】×

【解析】《预算法》是我国第一部财政基本法律。

【考点 2】国家预算概述

（一）国家预算的概念

国家预算也称政府预算，是政府的基本财政收支计划，即经法定程序批准的国家年度财政收支计划。国家预算是实现财政职能的基本手段，反映国家的施政方针和社会经济政策，规定政府活动的范围和方向。

（二）国家预算的作用

国家预算作为财政分配和宏观调控的主要手段，具有分配、调控和监督职能。国家预算的作用是国家预算职能在经济生活中的具体体现，它主要包括三个方面：

1. 财力保证作用。

2. 调节制约作用。

3. 反映监督作用。

（三）国家预算级次的划分

1. 划分依据。我国国家预算级次结构是根据国家政权结构、行政区域划分和财政管理体制要求而确定的。

2. 我国的国家预算实行一级政府一级预算，对于不具备设立预算条件的乡、民族乡、镇，经省、自治区、直辖市政府确定，可以暂不设立预算。

3. 国家预算共分为五级预算，具体包括：

（1）中央预算；

（2）省级（省、自治区、直辖市）预算；

（3）地市级（设区的市、自治州）预算；

（4）县市级（县、自治县、不设区的市、市辖区）预算；

（5）乡镇级（乡、民族乡、镇）预算，对于不具备设立预算条件的乡、民族乡、镇，经省、自治区、直辖市政府确定，可以暂不设立预算。

这五个级次的预算，除中央预算外，其他四个级次的预算又称为地方预算。

（四）国家预算的构成

国家预算按照政府级次可分为中央预算和地方预算，按照收支管理范围可分为总预算和部门单位预算。各级预算都要实行收支平衡的原则。

1. 中央预算

中央预算是指中央政府预算，由中央各部门（含直属单位）的预算组成，包括地方向中央上解的收入数额和中央对地方返还或者给予补助的数额。

其中，中央各部门是指与财政部直接发生预算缴款、拨款关系的国家机关、军队、政党组织和社会团体；直属单位是指与财政部直接发生预算缴款、拨款关系的企业和事业单位。

2. 地方预算

地方预算由各省、自治区、直辖市总预算组成。地方各级政府预算由本级各部门（含直属单位）的预算组成，包括下级政府向上级政府上解的收入数额和上级政府对下级政府返还或者给予补助的数额。

其中，本级各部门是指与本级政府财政部门直接发生预算缴款、拨款关系的地方国家机关、政党组织和社会团体；直属单位是指与本级政府财政部门直接发生预算缴款、拨款关系的企业和事业单位。

3. 总预算

总预算是指政府的财政汇总预算。按照国家行政区域划分和政权结构可相应划分为各级次的总预算，如我国的中央总预算、省（自治区、直辖市）总预算、市总预算、县总预算等。各级总预算由本级政府预算和所属下级政府的总预算汇编而成，由财政部门负责编制。下级政府只有本级预算的，下级政府总预算即指下级政府的本级预算；没有下级政府预算的，总预算即指本级预算。

4. 部门单位预算

部门单位预算是指部门、单位的收支预算。各部门预算由本部门所属各单位预算组成。单位预算是指列入部门预算的国家机关、社会团体和其他单位的收支预算。

部门单位预算是总预算的基础，其预算收支项目比较详细和具体，它由各预算部门和单位编制。

我国从 2000 年开始进行了国家预算编制的重大改革，即部门预算改革。部门预算是市场经济国家财政预算管理的基本组织形式，其内涵包括：一是部门作为预算编制的基础单元，取消财政与部门中间环节，财政预算以部门编制预算作为起点，即从基层单位开始预算的编制；二是国家预算要落实到每一个具体部门，预算管理以部门为依托，从根本上改变财政资金按性质归口管理的传统做法，预算实现了将各类不同性质的财政资金统一编制到使用相关资金的部门；三是"部门"本身要有严格的资质要求，限定那些与财政直接发生经费领拨关系的一级预算单位为预算部门。可以说，部门预算是一项综合预算，既包括行政单位预算，又包括其下属的事业单位预算；既包括一般预算收支计划，又包括政府基金预算收支计划；既包括正常经费预算，又包括专项支出预算；既包括财政预算内拨款收支计划，又包括财政预算外核拨资金收支计划和部门其他收支计划。

●题型分析

1. 单项选择题

【例】我国预算法规定，我国的国家预算共分为（　　　）。

　　A. 三级　　　　　　　　B. 四级

　　C. 五级　　　　　　　　D. 六级

【答案】C

【解析】国家预算共分为五级预算，具体包括：中央预算、省级（省、自治区、直辖市）预算、地市级（设区的市、自治州）预算、县市级（县、自治县、不设区的市、市辖区）预算、乡镇级（乡、民族乡、镇）预算。

2. 多项选择题

【例1】下列属于国家预算构成的有（　　　）。

　　A. 中央预算　　　　　　B. 地方预算

　　C. 总预算　　　　　　　D. 部门单位预算

【答案】ABCD

【解析】我国的国家预算，根据国家政权结构和行政区划的不同，可以分为中央预算、地方预算、各级总预算和部门预算、单位预算。

【例2】下列关于中央预算的表述中，正确的有（　　）。

　　A. 由中央各部门（含直属单位）的预算组成

　　B. 中央预算包括地方向中央上解的收入

　　C. 中央预算在国家预算中处于主导地位

　　D. 中央预算在国家预算中居于基础性地位

【答案】ABC

【解析】中央预算由中央各部门（含直属单位）的预算组成，包括地方向中央上解的收入数额和中央返还地方或者补助地方的数额。中央预算在国家预算中处于主导地位，地方预算在国家预算中居于基础性地位。

3. 判断题

【例】我国实行一级政府一级预算。　　　　　　　　　　（　　）

【答案】√

【解析】我国的国家预算实行一级政府一级预算，对于不具备设立预算条件的乡、民族乡、镇，经省、自治区、直辖市政府确定，可以暂不设立预算。

【考点3】预算管理的职权

根据统一领导、分级管理、权责结合的原则，我国《预算法》明确地规定了各级人民代表大会及其常务委员会、各级政府、各级财政部门和各部门、各单位的预算职权。

（一）各级人民代表大会及其常务委员会的职权

1. 全国人民代表大会及其常务委员会的职权

（1）全国人民代表大会的职权

全国人民代表大会审查中央和地方预算草案及中央和地方预算执行情况的报告；批准中央预算和中央预算执行情况的报告；改变或者撤销全国人民代表大会常务委员会关于预算、决算的不适当的决议。

审查	中央和地方	预算草案和预算执行情况报告
批准	中央	预算和预算执行情况报告
撤销	人大常委会	预算决算的决议

（2）全国人民代表大会常务委员会的职权

全国人民代表大会常务委员会监督中央和地方预算的执行；审查和批准中央预算的调整方案；审查和批准中央决算；撤销国务院制定的同宪法、法律相抵触的关于预算、决算的行政法规、决定和命令；撤销省、自治区、直辖市人民代表大会及其常务委员会制定的同宪法、法律和行政法规相抵触的关于预算、决算的地方性法规和决议。

2. 县级以上地方各级人民代表大会及其常务委员会的职权

（1）县级以上地方各级人民代表大会的职权

县级以上地方各级人民代表大会审查本级总预算草案及本级总预算执行情况的报告；批准本级预算和本级预算执行情况的报告；改变或者撤销本级人民代表大会常务委员会关于预算、决算的不适当的决议；撤销本级政府关于预算、决算的不适当的决定和命令。

（2）县级以上地方各级人民代表大会常务委员会的职权

县级以上地方各级人民代表大会常务委员会监督本级总预算的执行；审查和批准本级预算的调整方案；审查和批准本级政府决算（以下简称本级决算）；撤销本级政府和下一级人民代表大会及其常务委员会关于预算、决算的不适当的决定、命令和决议。

3. 乡、民族乡、镇的人民代表大会的职权

设立预算的乡、民族乡、镇的人民代表大会审查和批准本级预算和本级预算执行情况的报告；监督本级预算的执行；审查和

批准本级预算的调整方案；审查和批准本级决算；撤销本级政府关于预算、决算的不适当的决定和命令。

（二）各级财政部门的职权

1. 国务院财政部门的职权

国务院财政部门具体编制中央预算、决算草案；具体组织中央和地方预算的执行；提出中央预算预备费动用方案；具体编制中央预算的调整方案；定期向国务院报告中央和地方预算的执行情况。

2. 地方各级政府财政部门的职权

地方各级政府财政部门具体编制本级预算、决算草案；具体组织本级总预算的执行；提出本级预算预备费动用方案；具体编制本级预算的调整方案；定期向本级政府和上一级政府财政部门报告本级总预算的执行情况。

（三）各部门、各单位的职权

1. 各部门的职权

根据我国《预算法》的规定，与财政部门直接发生预算缴款、拨款关系的国家机关、军队、政党组织和社会团体等各部门的预算职权包括：具体负责编制本部门预算、决算草案；组织和监督本部门预算的执行；定期向本级政府财政部门报告预算的执行情况。

2. 各单位的职权

根据我国《预算法》的规定，与财政部直接发生预算缴款、拨款关系的企业和事业单位等各单位负责编制本单位预算、决算草案；按照国家规定上缴预算收入；安排预算支出，并接受国家有关部门的监督。

●题型分析

1. 单项选择题

【例】根据我国《预算法》的规定，下列各项中，负责具体编制各级政府预算调整方案的是（　　）。

    A. 人民代表大会

    B. 政府税务部门

    C. 人民代表大会常务委员会

    D. 政府财政部门

【答案】D

【解析】地方各级政府财政部门具体编制本级预算的调整方案。

2. 多项选择题

【例】下列（　　）属于全国人民代表大会的预算管理职权。

    A. 审查中央和地方预算草案及中央和地方预算执行情况的报告

    B. 组织中央和地方预算执行

    C. 批准中央预算和中央预算执行情况的报告

    D. 改变或者撤销全国人民代表大会常务委员会关于预算、决算的不适当的决议

【答案】ACD

【解析】全国人民代表大会的职权包括：审查中央和地方预算草案及中央和地方预算执行情况的报告；批准中央预算和中央预算执行情况的报告；改变或者撤销全国人民代表大会常务委员会关于预算、决算的不适当的决议。ACD选项正确。

3. 判断题

【例】各级人民政府是审查、批准预算、决算的权力机关。

                                 （　　）

【答案】×

【解析】审查、批准预决算的权力机关是全国人民代表大会和地方各级人民代表大会。

【考点4】预算收入与预算支出

根据我国《预算法》第四条规定，国家预算由预算收入和预算支出组成。

（一）预算收入

1. 按来源划分

预算收入按来源划分为：

（1）税收收入（占预算收入的90%以上）；

（2）依照规定应当上缴的国有资产收益；

（3）专项收入；

（4）其他收入。

2. 按分享程度划分

预算收入按分享程度划分为：

（1）中央预算收入，是指按照分税制财政管理体制，纳入中央预算、地方不参与分享的收入，包括中央本级收入和地方按照规定向中央上解的收入；

（2）地方预算收入，是指按照分税制财政管理体制，纳入地方预算、中央不参与分享的收入，包括地方本级收入和中央按照规定返还或者补助地方的收入；

（3）中央和地方预算共享收入，是指按照分税制财政管理体制，中央预算和地方预算对同一税种的收入，按照一定划分标准或者比例分享的收入。

（二）预算支出

1. 按照内容划分

预算支出按照内容可划分为：

（1）经济建设支出；

（2）科教文卫体等事业发展支出；

（3）国家管理费用支出；

（4）国防支出；

（5）各项补贴支出；

（6）其他支出。

2. 按主体划分

预算支出按主体划分为：

（1）中央预算支出，即按照分税制财政管理体制，由中央财政承担并列入中央预算的支出，包括中央本级支出和中央返还或者补助地方的支出；

（2）地方预算支出，即按照分税制财政管理体制，由地方财政承担并列入地方预算的支出，包括地方本级支出和地方按照规定上解中央的支出。

● 题型分析

1. 单项选择题

【例】国家预算收入的最主要的部分是（　　）。

　　A. 税收收入

　　B. 依照规定应当上缴的国有资产收益

　　C. 专项收入

　　D. 其他收入

【答案】A

【解析】本题考查预算收入，在国家预算收入中，税收收入是主体部分。

2. 多项选择题

【例】预算收入按照分享程度划分为（　　）。

　　A. 中央预算收入　　　　　B. 中央和地方预算共享收入

　　C. 地方预算收入　　　　　D. 税收收入

【答案】ABC

【解析】预算收入按照分享程度划分为中央预算收入、地方预算收入、中央和地方预算共享收入。税收收入是按照来源划分的。

3. 判断题

【例】政府有关部门以本级预算安排的资金拨付给下级政府有关部门的专款，必须经本级人民代表大会常务委员会同意并办理预算划转手续。 （ ）

【答案】×

【解析】政府有关部门以本级预算安排的资金拨付给下级政府有关部门的专款，必须经本级政府财政部门同意并办理。

【考点5】预算组织程序

预算组织程序包括预算的编制、审批、执行和调整。

预算编制	预算审批	预算执行	调整编制	调整审批	决算编制	决算审批
各级政府、各部门、各单位	人大	各级财政部门	各级财政部门	人大常委	各级财政部门	人大常委

（一）预算的编制

国务院应当及时下达关于编制下一年度预算草案的指示。编制预算草案的具体事项由财政部门负责部署。预算草案是指各级政府、各部门、各单位编制的未经法定程序审查和批准的预算收支计划。

1. 预算年度

我国国家预算年度采取的是公历年制。我国《预算法》规定，预算年度自公历1月1日起，至12月31日止。各预算活动的主体都必须按照法律规定的时间要求及时地编制预算，即各级政府、各部门、各单位应当按照国务院规定的时间编制预算草案。只有及时地编制预算才能保证国家财政税收活动的正常依法进行。

2. 各级政府编制年度预算草案的依据

各级政府编制年度预算草案的依据包括：

（1）法律、法规；

（2）国民经济和社会发展计划的中长期计划以及有关的财政经济政策；

（3）本级政府的预算管理职权和财政管理体制确定的预算收支范围；

（4）上一年度预算执行情况和本年度预算收支变化因素；

（5）上级政府对编制本年度预算草案的指示和要求。

3. 各部门、各单位编制年度预算草案

各部门、各单位编制年度预算草案的依据包括：

（1）法律、法规；

（2）本级政府的指示和要求以及本级政府财政部门的部署；

（3）本部门、本单位的职责、任务和事业发展计划；

（4）本部门、本单位的定员定额标准；

（5）本部门、本单位上一年度预算执行情况和本年度预算收支变化因素。

4. 中央预算的编制

中央预算的编制内容包括：

（1）本级预算收入和支出；

（2）上一年度结余用于本年度安排的支出；

（3）返还或者补助地方的支出；

（4）地方上解的收入。

5. 地方各级政府预算的编制

地方各级政府预算的编制内容包括：

（1）本级预算收入和支出；

（2）上一年度结余用于本年度安排的支出；

（3）上级返还或者补助的收入；

（4）返还或者补助下级的支出；

（5）上解上级的支出；

（6）下级上解的收入。

（二）预算的审批

1. 审查和批准

中央预算由全国人民代表大会审查和批准；地方各级政府预算由本级人民代表大会审查和批准。

2. 预算备案

预算批准后要及时向国家机关备案。

3. 预算批复

各级政府预算经本级人民代表大会批准后，本级政府财政部门应当及时向本级各部门批复预算。各部门应当及时向所属各单位批复预算。

（三）预算的执行

预算执行是指经法定程序批准的预算进入具体实施阶段，各级政府、各部门、各预算单位在组织实施本级权力机关批准的本级预算中筹措预算收入、拨付预算支出等的活动。我国预算执行的主体包括各级政府、各级政府财政部门、预算收入征收部门、国家金库、各有关部门和有关单位。只有法律规定有预算执行权的主体，才能依法执行预算。同时，不同的预算执行主体享有不同的权力，担负不同的职责。

我国《预算法》规定，各级预算由本级政府组织执行，具体工作由本级政府财政部门负责。预算收入征收部门必须依法及时、足额征收应征收的预算收入。有预算收入上缴任务的部门和单位，必须依照法规的规定，将应上缴的预算资金及时、足额地上缴国库。各级政府财政部门必须依照法律和规定及时、足额地拨付预算支出资金，并加强管理和监督。

（四）预算的调整

各级政府对于必须进行的预算调整，应当编制预算调整方案。

1. 预算调整方案的审批

中央预算的调整方案必须提请全国人民代表大会常务委员会审查和批准。

县级以上地方各级政府预算的调整方案必须提请本级人民代表大会常务委员会审查和批准。

乡镇政府预算的调整方案由本级人民代表大会审查和批准（乡级不设常委会）。

2. 预算调整方案的备案

地方各级政府预算的调整方案经批准后，由本级政府报上一级政府备案。

3. 不属于预算调整的范围

在预算执行中，因上级政府返还或者给予补助而引起的预算收支变化，不属于预算调整。

●**题型分析**

1. 单项选择题

【例】预算法规定，中央预算的调整方案必须提请（　　）审查和批准。

    A. 全国人民代表大会

    B. 全国人民代表大会常务委员会

    C. 国务院

    D. 财政部

【答案】B

【解析】中央预算的调整方案必须提请全国人民代表大会常务委员会审查和批准。

2. 多项选择题

【例】预算组织程序包括（　　）。

    A. 编制　　　　　　　　　B. 执行

C. 审批　　　　　　　　D. 调整

【答案】ABCD

【解析】预算组织程序包括预算的编制、审批、执行和调整。

3. 判断题

【例】预算草案是指各级政府、各部门、各单位编制的经过审查和批准后的预算收支计划。　　　　　　　（　　）

【答案】×

【解析】预算草案是指各级政府、各部门、各单位编制的未经法定程序审查和批准的预算收支计划。

【考点 6】决算

决算是指对年度预算收支执行结果的会计报告，是预算执行的总结，是国家管理预算活动的最后一道程序。它包括决算草案的编制、决算草案的审批和决算的批复。

1. 决算草案的编制

编制决算草案的具体事项，由国务院财政部门部署。

各部门对所属各单位的决算草案，应当审核并汇总编制本部门的决算草案，在规定的期限内报本级政府财政部门审核。

2. 决算草案的审查批准

国务院财政部门编制中央决算草案，报国务院审定后，由国务院提请全国人民代表大会常务委员会审查和批准。

县级以上地方各级政府财政部门编制本级决算草案，报本级政府审定后，由本级政府提请本级人民代表大会常务委员会审查和批准。

乡、民族乡、镇政府编制本级决算草案，提请本级人民代表大会审查和批准。

3. 决算的批复

各级政府决算批准后，财政部门应当向本级各部门批复决算。

●**题型分析**

1. 判断题

【例】决算是国家管理预算活动的最后一道程序，它包括决算报告和决算说明两部分。　　　　　　　　　　　（　　）

【答案】×

【解析】决算是指对年度预算收支执行结果的会计报告，是预算执行的总结，是国家管理预算活动的最后一道程序。它包括决算报表和文字说明两个部分，不是决算说明。

【考点7】预决算的监督

（一）预决算的监督分类

对预决算的监督可以按不同标准作不同的分类。

1. 按照时间先后，可以分为事前监督、事中监督和事后监督；

2. 按照监督的内容，可以分为对预算编制的监督、对预算执行的监督、对预算调整的监督、对决算的监督；

3. 按照监督的主体，可以分为各级国家权力机关即各级人民代表大会及其常委会对预算、决算进行的监督，各级政府对下一级政府预算执行的监督，各级政府财政部门对本级各部门、各单位和下一级财政部门预算执行的监督检查，以及各级政府审计部门对预算执行情况和决算情况实行的审计监督等。

（二）不同主体对预决算的监督

1. 各级国家权力机关的监督

（1）全国人大及其常委会监督中央和地方预算、决算；

（2）县级以上人大及其常委会监督本级政府和下级政府的预决算；

（3）乡、民族乡、镇人大监督本级政府预决算。

2. 各级政府部门的监督

各级政府监督下级政府预算执行；下级政府向上级政府报告预算执行情况。

3. 各级政府财政部门的监督

各级政府财政部门负责监督本级各部门及所属单位预算执行，并向本级政府和上级政府财政部门报告。

4. 各级政府审计部门的监督

各级政府审计部门对本级各部门、各单位和下级政府的预算执行、决算实行审计监督。

● **题型分析**

1. 单项选择题

【例】县级以上地方各级政府对下一级政府依《预算法》有关规定报送备案的预算，认为有同法律、行政法规相抵触或者有其他不适当之处，需要撤销批准预算决议的，应当提请（ ）审议决定。

A. 上一级人民政府

B. 上一级人民代表大会

C. 本级人民代表大会

D. 本级人民代表大会常务委员会

【答案】D

【解析】县级以上地方各级政府对下一级政府依《预算法》有关规定报送备案的预算，认为有同法律、行政法规相抵触或者有其他不适当之处，需要撤销批准预算决议的，应当提请本级人民代表大会常务委员会审议决定。

2. 多项选择题

【例】预算监督主体有（ ）。

A. 各级国家权力机关

B. 各级人民政府

C. 各级人民政府的财政部门

D. 各级政府审计部门

【答案】ABCD

【解析】ABCD 四个选项的内容都符合要求。

3. 判断题

【例】县级以上人大及其常委会监督本级政府和下级政府的预决算。　　　　　　　　　　　　　　　　　　（　　）

【答案】√

【解析】全国人大及其常委会监督中央和地方预算、决算；县级以上人大及其常委会监督本级政府和下级政府的预决算；乡、民族乡、镇人大监督本级政府预决算。

第二节　政府采购法律制度

【考点8】政府采购法律制度的构成

我国的政府采购法律制度由《中华人民共和国政府采购法》（简称《政府采购法》）、国务院各部门特别是财政部颁布的一系列部门规章以及地方性法规和政府规章组成。

1. 政府采购法

《政府采购法》于 2002 年 6 月 29 日颁布，自 2003 年 1 月 1 日起施行，包括总则、政府采购当事人、政府采购方式、政府采购程序、政府采购合同、质疑与投诉、监督检查、法律责任、附则共九章 88 条。《政府采购法》是规范我国政府采购活动的根本性法律，也是制定其他政府采购法规制度的基本依据。

2. 政府采购部门规章

虽然目前国务院尚未出台有关政府采购方面的行政法规，但国务院各部门，特别是财政部，颁布了一系列有关政府采购的部门规章，以细化《政府采购法》中的原则性规定。有关政府采购方面的部门规章有《政府采购信息公告管理办法》（财政部令第19号）、《政府采购货物和服务招标投标管理办法》（财政部令第18号）等。

3. 政府采购地方性法规和政府规章

各地政府也根据各地的具体情况颁布了规范本行政区域内政府采购活动的地方性法规和政府规章。这些法规和规章都以《政府采购法》为依据，同时结合了本地区的实际情况，具有较强的针对性和操作性。

● **题型分析**

1. 单项选择题

【例】下列各项中，我国政府采购法律制度中效力最高的法律文件是（　　）。

    A.《政府采购法》

    B.《北京市政府采购办法》

    C.《政府采购货物和服务招标投标管理办法》

    D.《政府采购信息公告管理办法》

【答案】A

【解析】《政府采购法》是我国政府采购法律制度中效力最高的法律文件，是制定其他范性文件的依据。

2. 判断题

【例】《政府采购法》于2002年6月29日起施行。（　　）

【答案】×

【解析】《政府采购法》于2002年6月29日颁布，自2003年1月1日起施行。

【考点 9】政府采购的概念与原则

（一）政府采购的概念

根据《政府采购法》的规定，政府采购是指各级国家机关、事业单位和团体组织，使用财政性资金采购依法制定的集中采购目录以内的或者采购限额标准以上的货物、工程和服务的行为。

1. 政府采购的主体范围

（1）政府采购的主体，亦即采购人，是指使用财政性资金采购依法制定的集中采购目录以内的或者限额标准以上的货物、工程和服务的国家机关、事业单位和团体组织。

（2）国家机关是指各级国家权力机关、行政机关、司法机关、党务机关等；事业单位是指依法设立的履行科教文卫体医等公共事业发展职能的机构和单位；社会团体是指依法设立的由财政供养的从事公共社会活动的团体组织，如有关行业协会等。

（3）国有企业不属于政府采购的主体范围。

2. 政府采购的资金范围

采购资金的性质是确定采购行为是否属于政府采购制度规范范围的重要依据。

根据政府采购的上述定义，政府采购资金为财政性资金，包括预算内资金、预算外资金，以及与财政资金相配套的单位自筹资金。

3. 政府采购的对象范围

政府采购的对象包括货物、工程和服务。货物指各种形态和种类的物品，包括原材料、燃料、设备、产品等。工程指建设工程，包括建筑物和构筑物的新建、改建、扩建、装修、拆除、修缮等。服务指除货物和工程以外的其他政府采购对象。

（二）政府采购的原则

政府采购的原则：

1. 公开透明原则；

2. 公平竞争原则；

3. 公正原则；

4. 诚实信用原则。

● 题型分析

1. 单项选择题

【例】《政府采购法》所称政府采购，是指各级国家机关、事业单位和团体组织，使用（　　　）采购依法制定的集中采购目录以内的或者采购限额标准以上的货物、工程和服务的行为。

　　A. 财政性资金　　　　　　B. 非财政性资金

　　C. 经营收入　　　　　　　D. 捐赠收入

【答案】A

【解析】政府采购资金为财政性资金，包括财政预算资金和预算外资金。

2. 多项选择题

【例】政府采购的原则包括（　　　）。

　　A. 公开透明原则　　　　　B. 公平竞争原则

　　C. 公正原则　　　　　　　D. 诚实信用原则

【答案】ABCD

【解析】《政府采购法》规定，政府采购应当遵循公开透明原则、公平竞争原则、公正原则和诚实信用原则。

3. 判断题

【例】国有企业的采购，不属于政府采购范围。　　　　（　　　）

【答案】√

【解析】我国政府采购的主体，包括国家机关、事业单位和团体组织。国有企业不属于政府采购的主体范围。

【考点 10】政府采购的功能与执行模式

（一）政府采购的功能

政府采购的功能包括：

1. 节约财政支出，提高采购资金的使用效益；
2. 强化宏观调控；
3. 活跃市场经济；
4. 推进反腐倡廉；
5. 保护民族产业。

（二）政府采购的执行模式

政府采购的执行模式有集中采购和分散采购两种模式。

1. 集中采购

采购人采购纳入集中采购目录的政府采购项目，应当实行集中采购。

集中采购是指由政府设立的职能机构统一为其他政府机构提供采购服务的一种采购组织实施形式。集中采购必须委托集中采购机构代理采购。设区的市、自治州以上人民政府根据本级政府采购项目组织集中采购的需要设立集中采购机构。

（1）集中采购目录；

（2）政府采购限额标准；

（3）政府采购公开招标数额标准。

政府集中采购目录和采购限额标准由省级以上人民政府确定并公布。属于中央预算的政府采购项目，其集中采购目录和政府采购限额标准由国务院确定并公布；属于地方预算的政府采购项目，其集中采购目录和政府采购限额标准由省、自治区、直辖市人民政府或者其授权的机构确定并公布。

2. 分散采购

分散采购是指由各预算单位自行开展采购活动的一种采购组

织实施形式。《政府采购法》规定，采购未纳入集中采购目录的政府采购项目，可以自行采购，也可以委托集中采购机构在委托的范围内代理采购。

实行分散采购有利于满足采购及时性和多样性的需求，手续简单；不利之处是失去了规模效益，加大了采购成本，不便于监督管理等。

●**题型分析**

1. 单项选择题

【例】我国政府采购的实行模式是（　　）。

  A. 集中采购　　　　　　　B. 分散采购

  C. 预算采购　　　　　　　D. 集中采购和分散采购相结合

【答案】D

【解析】《政府采购法》规定，我国政府采购实行集中采购和分散采购相结合。

2. 多项选择题

【例】政府采购的功能主要有（　　）。

  A. 强化宏观调控　　　　B. 活跃市场经济

  C. 推进反腐倡廉　　　　D. 保护民族产业

【答案】ABCD

【解析】政府采购的功能主要包括节约财政支出，提高采购资金的使用效益；强化宏观调控；活跃市场经济；推进反腐倡廉；保护民族产业等。

3. 判断题

【例】政府集中采购目录和采购限额标准由各省级以上政府财政部门确定并公布。　　　　　　　　　　　　　　（　　）

【答案】×

【解析】政府集中采购目录和采购限额标准由省级以上人民政府确定并公布。

【考点11】政府采购当事人

政府采购当事人是指在政府采购活动中享有权利和承担义务的各类主体，包括采购人、供应商和采购代理机构等。

（一）采购人

采购人是政府采购中货物、工程和服务的直接需求者。

1. 作为政府采购的采购人，一般具有两个重要特征：

（1）采购人是依法进行政府采购的国家机关、事业单位和团体组织；

（2）采购人的政府采购行为从筹划、决策到实施，都必须在政府采购法等法律法规的规范内进行。

2. 采购人的权利

（1）自行选择采购代理机构的权利；

（2）要求采购代理机构遵守委托协议约定的权利；

（3）审查政府采购供应商的资格的权利；

（4）依法确定中标供应商的权利；

（5）签订采购合同并参与对供应商履约验收的权利；

（6）特殊情况下提出特殊要求的权利，例如，对于纳入集中采购目录属于本部门、本系统有特殊要求的项目，可以实行部门集中采购；属于本单位有特殊要求的项目，经省级以上人民政府批准，可以自行采购；

（7）其他合法权利。

3. 采购人的义务

（1）遵守政府采购的各项法律、法规和规章制度；

（2）接受和配合政府采购监督管理部门的监督检查，同时还要接受和配合审计机关的审计监督以及监察机关的监察；

（3）尊重供应商的正当合法权益；

（4）遵守采购代理机构的工作秩序；

（5）在规定时间内与中标供应商签订政府采购合同；

（6）在指定媒体及时向社会发布政府采购信息、招标结果；

（7）依法答复供应商的询问和质疑；

（8）妥善保存反映每项采购活动的采购文件；

（9）其他法定义务。

（二）供应商

1. 供应商是指向采购人提供货物、工程或者服务的法人、其他组织或者自然人。

2. 《政府采购法》规定，供应商参加政府采购活动应当具备以下条件：具有独立承担民事责任的能力；具有良好的商业信誉和健全的财务会计制度；具有履行合同所必需的设备和专业技术能力；有依法缴纳税收和社会保障资金的良好记录；参加政府采购活动前三年内，在经营活动中没有重大违法记录；法律、行政法规规定的其他条件。

（三）采购代理机构

采购代理机构是指具备一定条件，经政府有关部门批准而依法拥有政府采购代理资格的社会中介机构。《政府采购法》中所称的集中采购机构就是采购代理机构。

●题型分析

1. 单项选择题

【例】政府采购当事人的范围不包括（   ）。

　　A. 采购人

　　B. 供应商

　　C. 政府采购监督管理机构

　　D. 采购代理机构

【答案】C

【解析】政府采购当事人，是指在政府采购活动中享有权利和承担义务的各类主体，包括采购人、供应商和采购代理机构。

2. 多项选择题

【例】政府采购人包括各级党政机关和实施预算管理的社团和（　　）。

　　A. 上市公司　　　　　B. 私营企业
　　C. 事业单位　　　　　D. 政策性的国有企业

【答案】CD

【解析】作为政府采购的采购人，主要是指依法进行政府采购的国家机关、事业单位和团体组织。

3. 判断题

【例】政府采购当事人仅包括采购人和供应商。（　　）

【答案】×

【解析】政府采购当事人不仅包括采购人和供应商，还包括采购代理机构。

【考点 12】政府采购方式

政府采购方式有：公开招标、邀请招标、竞争性谈判、单一来源采购、询价采购以及国务院政府采购监督管理部门认定的其他采购方式。其中，公开招标应作为政府采购的主要采购方式。

（一）公开招标采购

公开招标是指采购人或其委托的政府采购代理机构以招标公告的方式邀请不特定的供应商参加投标竞争，从中择优选择中标供应商的采购方式。

1. 公开招标是政府采购的主要方式。它是指招标采购单位依法以招标公告的方式邀请不特定的供应商参加投标的方式。

2. 采购人不得将应当以公开招标方式采购的货物或者服务化整为零或者以其他任何方式规避公开招标采购。

3. 采用公开招标方式采购的，招标采购单位必须在财政部门指定的政府采购信息发布媒体上发布公告。采用公开招标方式采购的，自招标文件发出之日起至投标人提交投标文件截止之日止，不得少于20日。

（二）邀请招标采购

邀请招标是指采购人或其委托的政府采购代理机构以投标邀请书的方式邀请三家或三家以上特定的供应商参与投标的采购方式。

（三）竞争性谈判采购

竞争性谈判是指采购人或其委托的政府采购代理机构通过与多家供应商就采购事宜进行谈判，经分析比较后从中确定中标供应商的采购方式。

符合下列情形之一的货物或者服务，可以依照法律采用竞争性谈判方式采购：

1. 招标后没有供应商投标或者没有合格标的或者重新招标未能成立的；

2. 技术复杂或者性质特殊，不能确定详细规格或者具体要求的；

3. 采用招标所需时间不能满足用户紧急需要的；

4. 不能事先计算出价格总额的。

（四）单一来源采购

单一来源是指采购人采购不具备竞争条件的物品，只能从唯一的供应商取得采购货物或服务的情况下，直接向该供应商协商采购的采购方式。

符合下列情形之一的货物或者服务，可以依法采用单一来源方式采购：

1. 只能从唯一供应商处采购的；

2. 发生了不可预见的紧急情况不能从其他供应商处采购的；

3. 必须保证原有采购项目一致性或者服务配套的要求，需要继续从原供应商处添购，且添购资金总额不超过原合同采购金额

10%的。

（五）询价采购

询价是指采购人向三家以上潜在的供应商发出询价单，对各供应商一次性报出的价格进行分析比较，按照符合采购需求、质量和服务相等且报价最低的原则确定中标供应商的采购方式。

《政府采购法》对上述各种政府采购方式的适用条件和情形作了明确规定，并规定了每种采购方式下的具体采购程序。

	采用方式	供应商	适用范围
公开招标方式	招标公告	不特定	货物服务采购项目达到公开招标数额标准的，必须采用公开招标方式。采购人不得将应当以公开招标方式采购的货物或者服务化整为零或者以其他任何方式规避公开招标采购
邀请招标方式	投标邀请书	随机邀请3家以上	（1）具有特殊性，只能从有限范围的供应商处采购；（2）采用公开招标方式的费用占政府采购项目总价值的比例过大
竞争性谈判方式	通过谈判确定供应商	不少于3家	（1）招标后没有供应商投标或者没有合格标的或者重新招标未能成立的；（2）技术复杂或者性质特殊，不能确定详细规格和具体要求；（3）采用招标所需时间不能满足用户紧急需要；（4）不能事先计算出价格总额
单一来源方式	直接采购	1家	（1）只能从唯一供应商处采购；（2）发生不可预见的紧急情况无法从其他供应商处采购；（3）必须保证原有采购项目一致性或者服务配套的要求，需要继续从原供应商处添购，且添购资金总额不超过原合同采购金额10%的
询价方式	通过询价确定供应商	3家以上	采购的货物规格、标准统一、现货货源充足且价格变化幅度较小的采购项目

●**题型分析**

1. 单项选择题

【例】不能事先计算出价格总额的货物，其适用的政府采购方式是（　　）。

    A. 公开招标方式　　　　B. 邀请招标方式

    C. 竞争性谈判方式　　　D. 单一来源方式

【答案】C

【解析】根据《政府采购法》规定，C 选项正确。

2. 多项选择题

【例】符合（　　）情形之一的货物或服务，可以采用单一来源方式采购。

    A. 只能从唯一供应商处采购的

    B. 发生了不可预见的紧急情况不能从其他供应商处采购的

    C. 必须保证原有采购项目一致性或者服务配套的要求，需要继续从原供应商处添购，且添购资金总额不超过原合同采购金额百分之十的

    D. 某供应商在政府采购活动中，一直质优价廉，讲究信誉的

【答案】ABC

【解析】根据《政府采购法》规定，ABC 选项正确。

3. 判断题

【例】政府采购方式中使用最多的是询价采购方式。（　　）

【答案】×

【解析】我国政府采购方式中使用最多的是公开招标采购方式。

【考点 13】政府采购的监督检查

（一）政府采购监督管理部门的监督

各级人民政府财政部门是负责政府采购监督管理的部门，依

法履行对政府采购活动的监督管理职责。

政府采购监督管理部门不得设置集中采购机构，不得参与政府采购项目的采购活动。

（二）集中采购机构的内部监督

集中采购机构应当建立健全内部监督管理制度。采购活动的决策和执行程序应当明确，并相互监督、相互制约。

1. 建立健全内部监督管理制度：经办采购的人员与负责采购合同审核、验收人员的职责权限应当明确，并相互分离。

2. 提高采购人员的职业素质和专业技能。

（三）采购人的内部监督

采购人必须按照《政府采购法》规定的采购方式和采购程序进行采购。

1. 采购标准和采购结构应公开。

2. 采购方式和采购程序应符合法定要求。

（四）政府其他有关部门的监督

审计机关、检察机关等依照法律、行政法规的规定对政府采购负有行政监督职责的政府部门，应当按照其职责分工，加强对政府采购活动的监督。

（五）政府采购活动的社会监督

任何单位和个人对政府采购活动中的违法行为，有权控告和检举，有关部门、机关依照各自职责及时处理。

●题型分析

1. 单项选择题

【例】政府采购的监督检查部门是（　　）。

    A. 审计部门　　　　　　B. 财政部门

    C. 监察部门　　　　　　D. 社会公众

【答案】B

【解析】各级人民政府财政部门是负责政府采购监督管理的

部门，依法履行对政府采购活动的监督管理职责。

2. 多项选择题

【例】政府采购受到（　　）的监督。

 A. 各级人民政府财政部门　B. 审计机关

 C. 监察机关　　　　　　　D. 社会公众

【答案】ABCD

3. 判断题

【例】政府采购监督管理部门，经上级财政部门批准，可以设置集中采购机构。（　　）

【答案】×

【解析】政府采购监督管理部门不得设置集中采购机构，不得参与政府采购项目的采购活动。

第三节　国库集中收付制度

【考点14】国库集中收付制度的概念

国库集中收付制度一般也称为国库单一账户制度，包括国库集中支付制度和收入收缴管理制度，是指由财政部门代表政府设置国库单一账户体系，所有的财政性资金均纳入国库单一账户体系收缴、支付和管理的制度。

国库集中收付制度是现代国库管理制度的基础。

●题型分析

1. 单项选择题

【例】将所有财政性资金全部集中到国库单一账户，并规定所有的支出必须由国库直接支付给商品或劳务供应者或用款单位，实行收支两条线管理的制度称为（　　）。

A. 国库集中收付制度　　B. 国库集中支付制度

C. 现金管理制度　　D. 国库集中收入收缴管理制度

【答案】A

2. 多项选择题

【例】国库集中收付是公共财政预算执行的重要环节，包括（　）。

A. 集中收入管理　　B. 集中支出管理

C. 集中账户管理　　D. 集中人员管理

【答案】ABC

3. 判断题

【例】国库集中收付制度是指将所有财政性资金全部集中到国库单一账户，并规定所有的支出必须由国库直接支付给商品或劳务供应者或用款单位，实行收支两条线管理。　　（　）

【答案】√

【解析】本题说法正确。

【考点 15】国库单一账户体系

（一）国库单一账户体系的概念

国库单一账户体系是指以财政国库存款账户为核心的各类财政性资金账户的集合。所有财政性资金的收入、支付、存储及资金清算活动均在该账户体系运行。

（二）国库单一账户体系的构成

国库单一账户体系由以下银行账户构成：

1. 财政部门国库单一账户

财政部门在中国人民银行开设的国库单一账户，用于记录、核算和反映纳入预算管理的财政收入和财政支出活动，并用于与财政部门在商业银行开设的零余额账户进行清算，实现支付。

2. 财政部门零余额账户

财政部门按资金使用性质在商业银行开设的零余额账户（简

称财政部门零余额账户），用于财政直接支付和与国库单一账户支出清算。

3. 预算单位零余额账户

财政部门在商业银行为预算单位开设的零余额账户（简称预算单位零余额账户），用于财政授权支付和清算。预算单位零余额账户可以办理转账、提取现金等结算业务，可以向本单位按账户管理规定保留的相应账户划拨工会经费、住房公积金及提租补贴，以及经财政部门批准的特殊款项，不得违反规定向本单位其他账户和上级主管单位、所属下级单位账户划拨资金。

4. 财政部门预算外资金财政专户

财政部门在商业银行开设的预算外资金财政专户，用于记录、核算和反映预算外资金的收入支出活动，并用于预算外资金的日常收支清算。

5. 特设专户

经国务院和省级人民政府批准或授权财政部门批准开设的特殊专户（简称特设专户），用于记录、核算和反映预算单位的特殊专项支出活动，并用于与国库单一账户清算。

●题型分析

1. 单项选择题

【例】国库是指（   ），是财政代表政府控制预算执行，保管政府资产和负债的一系列的管理职能。

  A. 工商银行

  B. 人民银行

  C. 银行金库

  D. 办理国家财政资金收纳和拨付业务的机构

【答案】D

【解析】国库是办理国家财政资金收纳和拨付业务的机构，代理银行是财政部门确定的、具体办理财政性资金支付业务的商业银行。

2. 多项选择题

【例】国库单一账户体系是实行财政国库集中支付后，用于所有财政性资金收支核算管理的账户体系，这个账户体系主要由（　　）构成。

　　A. 国库单一账户　　　B. 财政部门零余额账户

　　C. 特设专户　　　　　D. 预算单位零余额账户

【答案】ABCD

3. 判断题

【例】财政部门在中国人民银行开设的国库单一账户是用于记录、核算和反映纳入预算管理的财政收入和财政支出活动，并用于与财政部门在商业银行开设的零余额账户进行清算，实现支付。　　　　　　　　　　　　　　　　　　　　　（　　）

【答案】√

【考点16】财政收支的方式

（一）财政收入收缴方式及程序

1. 财政收入的收缴方式

财政收入的收缴分为直接缴库和集中汇缴两种方式。

（1）直接缴库，是指由缴款单位或缴款人按有关法律法规规定，直接将应缴收入缴入国库单一账户或预算外资金财政专户。

（2）集中汇缴，是指由征收机关（有关法定单位）按有关法律规定，将所收的应缴收入汇总缴入国库单一账户或预算外资金财政专户。

2. 财政收入的收缴程序

（1）直接缴库程序

直接缴库的税收收入，由纳税人或税务代理人提出纳税申报，经征收机关审核无误后，由纳税人通过开户银行将税款缴入国库单一账户。直接缴库的其他收入，比照上述程序缴入国库单一账户或预算外资金财政专户。

（2）集中汇缴程序

小额零散税收和法律另有规定的应缴收入，由征收机关于收缴收入的当日汇总缴入国库单一账户。非税收入中的现金缴款，比照本程序缴入国库单一账户或预算外资金财政专户。

（二）财政支出支付方式和程序

1. 支付方式

财政性资金的支付实行财政直接支付和财政授权支付两种：

（1）财政直接支付，是指由财政部门向中国人民银行和代理银行签发支付指令，代理银行根据支付指令通过国库单一账户体系将资金直接支付到收款人（即商品或劳务的供应商等）或用款单位（即具体申请和使用财政性资金的预算单位）账户。

①工资支出、购买支出以及中央对地方的专项转移支付。

②转移支出（中央对地方专项转移支出除外），包括中央对地方的一般性转移支付中的税收返还、原体制补助、过渡期转移支付、结算补助等支出，对企业的补贴和未指明购买内容的某些专项支出等，支付到用款单位。

（2）财政授权支付，是指预算单位按照财政部门的授权，自行向代理银行签发支付指令，代理银行根据支付指令，在财政部门批准的预算单位的用款额度内，通过国库单一账户体系将资金支付到收款人账户。

实行财政授权支付的支出包括未实行财政直接支付的购买支出和零星支出。

2. 支付程序

（1）财政直接支付程序

①预算单位申请；

②财政部门国库支付执行机构开具支付令；

③代理银行划拨资金；

④资金清算；

⑤出具入账通知书；

⑥会计处理。

（2）财政授权支付程序

①预算单位申请月度用款限额；

②通知支付银行；

③代理银行办理支付；

④代理银行办理资金清算；

⑤预算单位使用资金。

●**题型分析**

1. 单项选择题

【例】财政资金支出按照不同的支付主体分别实行财政直接支付和财政授权支付。实行财政直接支付的支出不包括（　　）。

    A. 工资支出　　　　　　　　B. 购买支出

    C. 转移支出　　　　　　　　D. 零星支出

【答案】D

【解析】零星支出应按照规定实行财政授权支付。

2. 多项选择题

【例】下列支出，实行财政直接支付的是（　　）。

    A. 中央对地方的专项转移支付

    B. 拨付企业大型工程项目或大型设备采购的资金

    C. 中央对地方的税收返还

    D. 中央对地方的原体制补助、过渡期转移支付、结算补助等支出

【答案】ABCD

【解析】根据规定，ABCD 选项内容都应实行财政直接支付。

3. 判断题

【例】财政收入的收缴程序包括直接缴库程序和集中汇缴程序。 （　　）

【答案】√

【解析】本题说法正确。

● 考点训练

一、单项选择题

1. 根据国库集中收入制度的规定，用于财政直接支付和与国库单一账户支出清算的账户是（　　）。

    A. 预算单位的零余额账户　B. 财政部门的零余额账户

    C. 预算外财政资金专户　　D. 特设过渡性专户

2. 根据《政府采购法》的规定，政府采购的主要采购方式应是（　　）。

    A. 邀请招标　　　　　　　B. 公开招标

    C. 竞争性谈判　　　　　　D. 询价

3. 我国政府采购的原则有（　　）。

    A. 保证微利原则　　　　　B. 灵活机动原则

    C. 公平竞争原则　　　　　D. 利益最大化原则

4. 《政府采购法》立法的目的是规范政府采购行为，提高政府采购资金的使用效益，维护国家利益和社会公共利益，保护政府采购当事人的合法权益和（　　）。

    A. 促进法制建设　　　　　B. 促进精神文明

    C. 促进廉政建设　　　　　D. 促进物质文明

5. 县级以上地方各级政府财政部门编制本级决算草案后，报（　　）审定。

  A. 上级财政部门   B. 本级政府

  C. 本级人大   D. 本级人大常务委员会

6. 下列部门中，不属于预算执行主体的是（ ）。

  A. 税务   B. 海关

  C. 证券   D. 银行

7. 我国国家预算年度是指（ ）

  A. 自公历 12 月 31 日起，至次年 12 月 31 日止

  B. 自公历 1 月 1 日起，至 12 月 31 日止

  C. 自公历 1 月 1 日起，至次年 1 月 1 日止

  D. 自公历 12 月 31 日起，至 12 月 31 日止

8. 中央预算收入、中央和地方共享收入的退库，由（ ）批准。

  A. 国务院或其授权的机构 B. 财政部或财政部授权的机构

  C. 中国人民银行总行   D. 全国人大常委会

9. 根据《预算法》的规定，负责定期向国务院报告中央和地方预算执行情况的是（ ）。

  A. 全国人民代表大会 B. 国务院统计部门

  C. 国务院审计部门   D. 国务院财政部门

10. 在我国政府预算中处于主导地位的是（ ）

  A. 中央预算   B. 部门预算

  C. 单位预算   D. 地方预算

二、多项选择题

1. 预算单位适用财政直接支付的财政性资金包括（ ）。

  A. 物品采购支出   B. 工资

  C. 劳务采购支出   D. 工程采购支出

2. 国库单一账户体系由以下几类账户构成（ ）。

  A. 国库存款账户   B. 预算外资金财政专户

C. 财政零余额账户　　　D. 特设专户

3.《政府采购法》规定，政府采购实行（　　）相结合的执行模式。

    A. 集中采购　　　　　　B. 公开采购

    C. 指定采购　　　　　　D. 分散采购

4. 政府采购的特点是（　　）。

    A. 政府采购的非营利性　B. 资金来源的公共性

    C. 政府采购的政策性　　D. 政府采购的营利性

5. 预算监督的方式包括（　　）。

    A. 各级人大及其常委会对预算、决算进行的监督

    B. 各级政府对下一级政府预算执行的监督

    C. 各级政府财政部门对部门预算的监督

    D. 各级政府审计部门对预算的监督

6. 政府预算收入包括（　　）。

    A. 其他收入

    B. 专项收入

    C. 依照规定应当上缴的国有资产收益

    D. 税收收入

7. 与财政部门直接发生预算缴款、拨款关系的国家机关、军队、政党组织和社会团体等各部门的预算管理职权包括（　　）等。

    A. 监督本部门预算的执行

    B. 编制本部门预算和决算草案

    C. 组织本部门预算的执行

    D. 定期向本级政府财政部门报告预算的执行情况

8. 我国预算主要构成包括（　　）。

    A. 中央预算　　　　　　B. 各级总预算

    C. 地方预算　　　　　　D. 部门预算、单位预算

9. 预算法律制度是规范国家预算（　　）等活动的法律制度的总称。

    A. 编制　　　　　　　　B. 审批

    C. 监督　　　　　　　　D. 执行

10. 单位预算是指列入部门预算的（　　）收支预算。

    A. 社会团体　　　　　　B. 国家机关

    C. 其他单位　　　　　　D. 企业

三、判断题

1. 财政部是管理国库单一账户体系的职能部门，任何单位不得擅自设立、变更或撤销国库单一账户体系中的各类银行账户。（　　）

2. 实行国库集中收付制度，改革以往财政性资金主要通过征收机关和预算单位设立多重账户分散进行缴库和拨付的方式，可以解决财政性资金截留、挤占、挪用等问题。（　　）

3. 政府采购活动完成后，不需要进行评估。（　　）

4. 政府采购方式包括公开招标、邀请招标、竞争性谈判、单一来源、询价以及国务院政府采购监督管理部门认定的其他采购方式。（　　）

5. 政府采购应当采购本国货物、工程和服务。（　　）

6. 政府采购适用于一切使用财政资金的单位。（　　）

7. 各级政府、各部门、各单位应当按照国务院规定的时间编制预算草案。（　　）

8. 预算的执行是国家预算管理活动的最后一道程序。（　　）

9. 总预算是指中央预算。（　　）

10. 编制总预算是政府预算编制的基础。（　　）

● 参考答案

一、单项选择题

1	2	3	4	5	6	7	8	9	10
B	B	C	C	B	C	B	B	D	A

二、多项选择题

1	2	3	4	5	6	7	8	9	10
ABCD	ABCD	AD	ABC	BCD	ABCD	ABCD	ABCD	ABCD	ABC

三、判断题

1	2	3	4	5	6	7	8	9	10
√	√	×	√	√	√	√	×	×	×

第五章　会计职业道德

● 考点概览

第五章 会计职业道德	基本概念	理论问题
第一节 会计职业道德概述	职业道德；会计职业道德	职业道德的作用；会计职业道德的特征、功能和作用；会计职业道德与会计法律制度的关系
第二节 会计职业道德规范的主要内容	爱岗敬业；诚实守信；廉洁自律；客观公正；坚持准则；提高技能；参与管理；强化服务	爱岗敬业、诚实守信、廉洁自律、客观公正、坚持准则、提高技能、参与管理、强化服务的基本要求
第三节 会计职业道德教育	会计职业道德教育	会计职业道德教育的形式、内容和途径
第四节 会计职业道德建设组织与实施		财政部门、会计行业、企事业单位、社会各界组织实施会计职业道德建设
第五节 会计职业道德的检查与奖惩		会计职业道德检查与奖惩的意义和机制

● 考点分析

第一节　会计职业道德概述

【考点1】职业道德的特征与作用

（一）职业道德的概念

广义的职业道德是指从业人员在职业活动中应遵循的行为准则，涵盖了从业人员与服务对象、职业与职工、职业与职业之间的关系。

狭义的职业道德是指在一定的职业活动中应遵循的、体现一定职业特征的、调整一定职业关系的职业行为准则和规范。

（二）职业道德的特征

职业道德具有职业性（行业性）、实践性、继承性和多样性等特征。

1. 职业性（行业性）

一定的职业道德规范只适用一定的职业活动领域；有些具体的行业道德规范，只适用本行业，其他行业就不完全适用，或完全不适用。

2. 实践性

3. 继承性

职业道德具有较强的相对稳定性和历史继承性的特点。例如，教师"诲人不倦"、医生"救死扶伤"、商人"买卖公平"等道德要求，就在这些行业中世代相传，并且不断地得到丰富和发展。

4. 多样性

（三）职业道德的作用

职业道德的作用主要有：

1. 促进职业活动的有序进行。

2. 对社会道德风尚会产生积极的影响。

● **题型分析**

1. 单项选择题

【例】以下不属于职业道德特征的是（　　）。

   A. 职业性　　　　　　　B. 实践性

   C. 固定性　　　　　　　D. 继承性

【答案】C

【解析】职业道德的特征包括职业性、实践性、多样性和继承性，不包括固定性。

2. 多项选择题

【例】我国《公民道德建设实施纲要》提出的职业道德内容有（　　）。

   A. 爱岗敬业　　　　　　B. 办事公道

   C. 诚实守信　　　　　　D. 坚持准则

【答案】ABC

3. 判断题

【例】职业道德的出发点和归宿是奉献社会。　　　　（　　）

【答案】√

【考点2】会计职业道德的概念与特征

（一）会计职业道德的概念

会计职业道德是指在会计职业活动中应当遵循的、体现会计职业特征的、调整会计职业关系的职业行为准则和规范。

1. 会计职业道德是调整会计职业活动中各种利益关系的

手段。

2. 会计职业道德具有相对稳定性。

3. 会计职业道德具有广泛的社会性。

会计职业道德规范的对象，既有单位会计人员，也有注册会计师，两者都是以会计信息为载体从事工作，从广义上说，都是会计人员的一部分。

（二）会计职业道德的特征

会计作为社会经济活动中的一种特殊职业，除具有职业道德的一般特征外，还具有一定的强制性和较多关注公众利益的特征。

●题型分析

1. 单项选择题

【例】会计职业道德是指在会计职业活动中应当遵循的、体现（　　）特征和调整会计职业关系的职业行为准则和规范。

　　A. 会计工作　　　　　　B. 会计职业

　　C. 会计活动　　　　　　D. 会计人员

【答案】B

【解析】狭义的职业道德是指在一定职业活动中应当遵循的、体现一定职业特征的、调整一定职业关系的职业行为准则和规范。

2. 多项选择题

【例】下列关于会计职业道德的表述中，正确的有（　　）。

　　A. 会计职业道德是指在会计职业活动中应当遵循的、体现会计职业特征的、调整会计职业关系的职业行为准则和规范

　　B. 会计职业道德不允许通过损害国家和社会公众利益而获取违法利益，但允许个人和各个经济主体获取合法的自身利益

    C. 在会计职业活动中，发生道德冲突时要坚持准则，把社会公众利益放在第一位

    D. 会计职业道德具有相对稳定性和广泛的社会性

【答案】ABCD

3. 判断题

【例】当单位利益与社会公共利益发生冲突时，会计人员应首先考虑单位利益，然后再考虑社会公众利益。（   ）

【答案】×

【考点3】会计职业道德的功能与作用

（一）会计职业道德的功能

会计职业道德的功能主要有：指导功能、评价功能、教化功能。

1. 指导功能

指导功能，即指导会计人员行为的功能。

会计职业道德规范作为一种指引或劝诫，表达了社会对会计人员行为的期望和要求，如爱岗敬业、诚实守信、廉洁自律、客观公正等。

2. 评价功能

评价功能，即对会计人员的行为，根据一定的道德标准进行评价。这一功能又可分解为褒扬的功能和谴责的功能。

现阶段，通过开展会计职业道德的评价、检查与奖惩，倡导、赞扬、鼓励自觉遵守会计职业道德规范的行为，贬抑、鞭挞、谴责、查处会计造假等不良行为，对会计人员起着引导或威慑的作用，有助于督促会计人员在行为上遵守职业道德规范，形成良好的道德情感，也有利于形成抑恶扬善的社会环境。

3. 教化功能

会计职业道德通过评价、命令、指导、示范等方式和途径，

运用塑造理想人格和典型榜样等手段，形成会计职业道德风尚，树立会计职业道德榜样等方式，来深刻影响人们的会计职业道德观念和会计行为，培养人们的会计职业道德习惯和道德品质，启迪人们的会计职业道德觉悟，培养人们践行会计职业道德行为的自觉性和主动性。这对于会计人员的思想、感情和行为，有一种潜移默化的塑造作用，不但能够影响会计人员当下的动机和行为，而且能够改造会计人员的道德品质，提高会计人员的道德境界。

（二）会计职业道德的作用

会计职业道德的作用主要有：

1. 规范会计行为的基础；

2. 实现会计目标的重要保证；

3. 对会计法律制度的重要补充；

4. 提高会计人员职业素养的内在要求。

●题型分析

1. 单项选择题

【例】在社会经济生活中，会计职业道德扮演着指导人们会计行为方向的"向导"角色，指的是会计职业道德的（ ）功能。

　　A. 指导功能　　　　　　B. 评价功能

　　C. 教化功能　　　　　　D. 促进功能

【答案】A

【解析】会计职业道德的指导功能是指在社会经济生活中，会计职业道德扮演着指导人们会计行为方向的"向导"角色。

2. 判断题

【例】会计职业道德是规范会计行为的基础。　　　（ ）

【答案】√

【考点4】会计职业道德与会计法律制度的关系

（一）会计职业道德与会计法律制度的联系

会计职业道德与会计法律制度的联系主要有：

1. 两者在作用上相互补充

在规范会计行为中，我们不可能完全依赖会计法律制度的强制功能而排斥会计职业道德的教化功能，会计行为不可能都由会计法律制度进行规范，不需要或不宜由会计法律制度进行规范的行为，可通过会计职业道德规范来实现；同时，那些基本的会计行为必须运用会计法律制度强制遵守。

2. 两者在内容上相互渗透、相互重叠

会计法律制度中包含有会计职业道德规范的内容，同时，会计职业道德规范中也包含会计法律制度的某些条款。

在市场经济条件下，会计法治建设必须以会计职业道德建设为基础，既要加强会计法制建设，也要加强会计职业道德教育，要通过法律推动和影响道德的发展，通过道德推动法律的制定和完善。两者要相辅相成，协调发展。

（二）会计职业道德与会计法律制度的区别

会计职业道德与会计法律制度的区别有：

1. 性质不同

会计法律制度充分体现统治阶级的愿望和意志，在一个阶级社会里只有一种会计法律制度。会计法律制度通过国家机器强制执行，具有很强的他律性。

会计职业道德并不都是统治阶级的意志，很多来自于职业习惯和约定俗成。在一个阶级社会里，会计职业道德不是唯一的。会计职业道德依靠会计从业人员的自觉性，自愿地执行，并依靠社会舆论和良心来实现，基本上是非强制执行的，具有很强的自律性。

2. 作用范围不同

会计法律制度侧重于调整会计人员的外在行为和结果的合法化，而不能离开行为过问动机，具有较强的客观性。

会计职业道德不仅要求调整会计人员的外在行为，还要调整会计人员内在的精神世界，要求人们动机的高尚和纯洁，具有较强的主观性。

3. 表现形式不同

会计法律制度是通过一定的程序由国家立法部门或行政管理部门制定颁布和修改的，其表现形式是具体的、明确的、正式形成文字的成文条例。

会计职业道德出自会计人员的职业生活和职业实践，日积月累、约定俗成。其表现形式既有明确的成文的规定，也有不成文的规范，尤其是那些较高层次的会计职业道德，存在于人们的意识和信念之中，并无具体的表现形式，它依靠社会舆论、道德教育、传统习俗和道德评价来实现。即使是那些成文的会计职业道德，与会计法律制度相比，其在表现形式上也缺乏具体性和准确性，通常只是指出人们应当做或不应当做某种行为的一般原则和要求。

4. 实施保障机制不同

会计法律制度由国家强制力保障实施；会计职业道德既有国家法律的相应要求，又需要会计人员的自觉遵守。

5. 评价标准不同

会计法律是以会计人员享有的权利和义务为标准来判定其行为是否违法；而会计职业道德则以善恶为标准来判定人们的行为是否违背道德规范。

●题型分析

1. 单项选择题

【例】会计法治建设，必须以（　　　）为基础，既要加强会计法制建设，也要加强会计职业道德教育。

    A. 会计法律制度　　　　　B. 会计职业道德建设

    C. 政府管制　　　　　　　D. 社会监督

【答案】B

【解析】在市场经济条件下，会计法治建设必须以会计职业道德建设作为基础，既要加强会计法制建设，也要加强会计职业道德教育，要通过法律推动和影响道德的发展，通过道德推动法律的制定和完善。

2. 多项选择题

【例】会计职业道德与会计法律制度的主要区别表现在（　　）。

    A. 两者性质不同　　　　　B. 两者作用范围不同

    C. 两者表现形式不同　　　D. 两者的实施保障机制不同

【答案】ABCD

【解析】ABCD 四个选项的内容都符合题意。

3. 判断题

【例】会计法律制度是会计职业道德的最高要求。　　（　　）

【答案】×

【解析】会计法律制度所规定的行为规范是会计职业道德的最低要求。

第二节　会计职业道德规范的主要内容

会计职业道德规范，是指在一定社会经济条件下，对会计职业行为及职业活动的系统要求或明确规定，是职业道德在会计职业行为和会计职业活动中的具体体现。

根据我国会计工作、会计人员的实际情况，结合《公民道德建设实施纲要》和国际上会计职业道德的一般要求，我国会计职业道德规范的主要内容包括：爱岗敬业、诚实守信、廉洁自律、客观公正、坚持准则、提高技能、参与管理和强化服务等。

【考点5】爱岗敬业

爱岗敬业是指忠于职守的事业精神，这是会计职业道德的基础，要求会计人员热爱本职工作，安心本职岗位，并为做好本职工作锲而不舍、尽职尽责。

（一）爱岗敬业的基本要求

1. 正确认识会计职业，树立职业荣誉感。

2. 热爱会计工作，敬重会计职业。

3. 安心工作，任劳任怨。

4. 严肃认真，一丝不苟。

对技术精益求精，把好费用支出关，绝不能有"都是熟人不会错"的麻痹思想和"马马虎虎"的工作作风。

5. 忠于职守，尽职尽责。

忠于职守主要表现为三个方面，即忠实于服务主体、忠实于社会公众、忠实于国家。

（二）不同岗位的责任和义务要求

会计职业的不同岗位要求承担的责任和义务不尽相同：

1. 单位会计人员不仅要客观真实地记录反映服务主体的经济活动状况，负责其资金的有效运作，积极参与经营和决策，而且还应抵制不正当的开支，防止有人侵占单位资产，保护财产安全完整。

2. 注册会计师接受委托对委托者进行审计、鉴证或咨询，要维护委托人的权益，保守商业秘密，依法出具审计报告。

3. 在对单位（或雇主）的忠诚与国家及社会公众利益发生冲突时，会计人员应该忠实于国家、忠实于社会公众，承担起维护国家和社会公众利益的责任。注册会计师不仅要对委托人负责，更应对广大的信息使用者负责，对被审计单位的财务状况和经营成果做出客观、公允的审计报告。

●**题型分析**

1. 单项选择题

【例】会计人员热爱会计工作，安心本职岗位，忠于职守，尽心尽力，尽职尽责，这是会计职业道德规范中（　　）的具体体现。

A. 爱岗敬业　　　　　　B. 诚实守信

C. 提高技能　　　　　　D. 强化服务

【答案】A

【解析】本题考查会计职业道德规范的主要内容。爱岗敬业要求会计人员热爱会计工作，敬重会计职业；严肃认真，一丝不苟；忠于职守，尽职尽责。

2. 多项选择题

【例】以下内容表现了忠于职守的有（　　）。

A. 忠实于自己　　　　　B. 忠实于服务主体

C. 忠实于社会公众　　　D. 忠实于国家

【答案】BCD

【考点6】诚实守信

诚实是指言行思想一致，不弄虚作假、不欺上瞒下，做老实人，说老实话，办老实事。守信就是遵守自己所做出的承诺，讲信用，重信用，信守诺言，保守秘密。诚实守信是做人的基本准则，也是会计职业道德的精髓。它要求会计人员在职业活动中讲求信用，保守秘密，对实际发生的经济业务进行真实、完整的会计核算。

中国现代会计学之父潘序伦先生认为，"诚信"是会计职业道德的重要内容。他终身倡导"信以立志，信以守身，信以处事，信以待人，毋忘'立信'，当必有成"。朱镕基同志在2001年视察北京国家会计学院时，为北京国家会计学院题词："诚信为本，操守为重，坚持准则，不做假账。"

诚实守信的基本要求有：

1. 做老实人，说老实话，办老实事，不搞虚假

做老实人，要求会计人员言行一致，表里如一，光明正大。说老实话，要求会计人员说话诚实，是一说一，是二说二，不夸大，不缩小，不隐瞒，不歪曲，如实反映和披露单位经济业务事项。办老实事，要求会计人员工作踏踏实实，不欺上瞒下，不弄虚作假。总之，会计人员应言行一致，实事求是，正确核算，尽量减少和避免各种失误；不得为了个人和小集团利益，伪造账目，弄虚作假，损害国家和社会公众利益。

2. 保守秘密，不为利益所诱惑

在市场经济中，秘密可以带来经济利益，而会计人员因职业特点经常会接触到单位和客户的一些秘密。因而，会计人员应依法保守单位秘密，这也是诚实守信的具体体现。泄密，不仅是一种不道德的行为，也是违法行为，是会计职业的大忌。

秘密主要有国家秘密、商业秘密和个人隐私三类，秘密一旦泄露就会对国家、单位或个人造成损失。保守秘密是会计职业道德的一个重要内容。我国有关法律对会计人员保守秘密作了相关的规定。如《注册会计师法》第十九条规定："注册会计师对执行业务中知悉的商业秘密，负有保密义务"，财政部印发的《会计基础工作规范》第二十三条规定："会计人员应当保守本单位的商业秘密。除法律规定和单位领导人同意外，不能私自向外界提供或者泄露单位的会计信息"。保守秘密，要求会计人员在主观上树立保密观念，在客观上采取保密措施，保障商业秘密和国家秘密不被他人所获悉。

会计人员不仅要做到不在工作岗位以外的场所谈论、评价企业的经营状况和财务数据，而且要抵制住各种各样的诱惑，除法律规定或经单位规定程序批准外，不得以任何借口和形式向其他单位和个人提供单位内部的会计数据和相关资料。

3. 执业谨慎，信誉至上

诚实守信，要求注册会计师在执业中始终保持应有的谨慎态度，对客户和社会公众尽职尽责，形成"守信光荣、失信可耻"的氛围，以维护职业信誉。

第一，注册会计师在选择客户时应谨慎，不要一味地追求营业收入，迎合客户不正当要求，接受违背职业道德的附加条件。

第二，注意评估自身的业务能力，正确判断自身的知识、经验和专业能力能否胜任所承担的委托业务。

第三，严格按照独立审计准则和执业规范、程序实施审计，对审计中发现的违反国家统一的会计制度及国家相关法律制度的经济业务事项，应当按照规定在审计报告中予以充分反映。

第四，在接受委托业务后，应积极完成所委托的业务，认真履行合同，维护委托人的合法权益，不得擅自终止合同、解除委托，不得超出委托人委托范围从事活动，以免当事人的利益受到损害。

●题型分析

1. 单项选择题

【例】会计人员对于工作中知悉的商业秘密应依法保密，不得泄露，这是会计职业道德规范中（　　）的具体体现。

    A. 诚实守信　　　　　　B. 客观公正

    C. 廉洁自律　　　　　　D. 坚持准则

【答案】A

【解析】本题考查会计职业道德规范的主要内容。

2. 多项选择题

【例】下列各项中，体现会计职业道德"诚实守信"要求的有（　　）。

    A. 做老实人、说老实话、办老实事

    B. 安心工作，任劳任怨

    C. 保守商业秘密，不为利益所诱

    D. 执业谨慎，信誉至上

【答案】ACD

【解析】"安心工作，任劳任怨"属于爱岗敬业的要求，而不是诚实守信的要求。

3. 判断题

【例】除法律规定和单位负责人同意外，会计人员不能私自向外界提供或者泄露单位的会计信息。　　　　（　　）

【答案】√

【考点7】廉洁自律

廉洁就是不贪污钱财，不收受贿赂，保持清白。自律是指自律主体按照一定的标准，自己约束自己、自己控制自己的言行和思想的过程。廉洁自律是会计职业道德的前提，这既是会计职业道德的内在要求，也是会计职业声誉的"试金石"。

廉洁自律的基本要求有：

1. 树立正确的人生观和价值观

廉洁自律，首先要求会计人员必须加强世界观的改造，树立正确的人生观和价值观，加强自身的道德修养，这是奠定廉洁自律的基础。会计人员应树立科学的价值观和人生观，自觉抵制享乐主义、个人主义、拜金主义等错误思想，这是在会计工作中做到廉洁自律的思想基础。

2. 公私分明，不贪不占

公私分明，是指严格划分公私界限，公是公，私是私。不贪不占，是指会计人员不贪不占、不收礼、不同流合污。

3. 遵纪守法,一身正气

略。

● **题型分析**

1. 单项选择题

【例】"理万金分文不沾""常在河边走,就是不湿鞋",这两句话体现的会计职业道德是（   ）。

    A. 参与管理   B. 廉洁自律

    C. 提高技能   D. 强化服务

【答案】B

【解析】本题主要考查会计职业道德规范的主要内容。

2 多项选择题

【例】会计职业道德中的廉洁自律原则的基本要求包括（   ）。

    A. 树立正确的人生观   B. 树立正确的价值观

    C. 公私分明   D. 不贪不占

【答案】CD

3. 判断题

【例】"常在河边走,就是不湿鞋"体现的是会计职业道德是"廉洁自律"的要求。   （   ）

【答案】√

【考点 8】客观公正

客观是指按事物的本来面目去反映,不掺杂个人的主观意愿,也不为他人意见所左右。对于会计职业和会计工作而言,客观主要包括以下两层含义:一是真实性,即以客观事实为依据,真实地记录和反映实际经济业务事项;二是可靠性,即会计核算要准确,记录要可靠,凭证要合法。

公正就是平等、公平、正直,没有偏失。对于会计职业和会计工作而言，公正主要包括以下三层含义：一是国家的会计准则、制度要公正。二是执行会计准则、制度的人，即公司、企业单位管理层和会计人员不仅应当具备诚实的品质，而且应公正地开展会计核算和会计监督工作，即在履行会计职能时，摒弃单位、个人私利，公平公正，不偏不倚地对待相关利益各方。三是注册会计师在进行审计鉴证时应以超然独立的姿态，进行公平公正的判断和评价，出具客观、适当的审计意见。

客观是公正的基础，公正是客观的反映。客观公正是会计职业道德所追求的理想目标。

客观公正的基本要求有：

1. 依法办事

依法办事，认真遵守法律法规和国家统一的会计制度，是会计工作保证客观公正的前提。当会计人员有了端正的态度和知识技能基础之后，他们在工作过程中必须遵守各种法律、法规、准则和制度，依照法律规定进行核算，并做出客观的会计职业判断。会计人员记账、算账、报账和进行财产清查，需要熟悉并依据《会计法》《企业会计准则》《企业会计制度》等法律、法规和制度进行业务处理；注册会计师开展独立审计时，应依据《会计法》《注册会计师法》《中国注册会计师独立审计准则》等法律法规的规定实施审计活动。总之，只有熟练掌握并严格遵守会计法律法规，才能客观公正地处理会计业务。

2. 实事求是

客观公正应贯穿会计活动的整个过程：一是在处理会计业务的过程中或进行职业判断时，应保持客观公正的态度，实事求是，不偏不倚。二是指会计人员对经济业务的处理结果是公正的。

总之，会计核算过程的客观公正和最终结果的客观公正都是十分重要的，没有客观公正的会计核算过程作为保证，结果的客观公正性就难以保证；没有客观公正的结果，业务操作过程的客观公正就没有意义。

3. 如实反映

略。

●**题型分析**

1. 单项选择题

【例】保证会计工作客观公正的前提是（　　）。

　　A. 端正态度　　　　　　B. 遵守法律法规

　　C. 实事求是、不偏不倚　D. 保持应有的独立性

【答案】B

【解析】客观是指按事物的本来面目去反映，不掺杂个人的主观意愿，也不为他人意见所左右。公正就是平等、公平正直，没有偏失，其前提就是遵守法律法规。

2. 多项选择题

【例】会计职业道德中"客观公正"的基本要求包括（　　）。

　　A. 依法办事　　　　　B. 实事求是

　　C. 如实反映　　　　　D. 办事公道

【答案】ABC

3. 判断题

【例】保守秘密，不为利益所诱惑，是会计职业道德中客观公正原则的基本要求。　　　　　　　　　　　　　　　（　　）

【答案】×

【考点9】坚持准则

坚持准则是指会计人员在处理业务过程中，要严格按照会计法律制度办事，不为主观或他人意志左右。

这里所说的"准则"，不仅指会计准则，而且包括会计法律、

国家统一的会计制度以及与会计工作相关的法律制度。

会计人员在发生道德冲突时，应坚持准则，以维护国家利益、社会公众利益和正常的经济秩序。注册会计师在进行审计业务时，应严格按照独立审计准则的有关要求和国家统一会计制度的规定，出具客观公正的审计报告。

坚持准则的基本要求有：

1. 熟悉准则。

2. 遵循准则。

3. 敢于同违法行为作斗争。

【注意】会计人员在工作中经常会遇到这样或那样的道德冲突。面对不同的情况会计人员应如何处理，国际会计师联合会发布的《职业会计师道德守则》提出了如下建议：

（1）如遇到严重的职业道德问题时，职业会计师首先应遵循所在组织的已有政策加以解决；如果这些政策不能解决道德冲突，则可私下向独立的咨询师或会计职业团体寻求建议，以便采取可能的行动步骤；

（2）若自己无法独立解决，可与最直接的上级一起研究解决这种冲突的办法；

（3）若仍无法解决，则在通知直接上级的情况下，可请教更高一级的管理层。若有迹象表明，上级已卷入这种冲突，职业会计师必须和更高一级的管理当局商讨该问题；

（4）如果在经过内部所有各级审议之后道德冲突仍然存在，那么对于一些重大问题，如舞弊，职业会计师可能没有其他选择。作为最后手段，他只能诉诸辞职，并向该组织的适当代表提交一份信息备忘录。

● 题型分析

1. 单项选择题

【例】（　　　）是会计人员坚持准则的核心。

A. 会计制度 　　　　　B. 会计准则

C. 会计法律 　　　　　D. 会计法规

【答案】C

【解析】坚持准则是指会计人员在处理业务过程中，要严格按照会计法律制度办事，不为主观或他人意志左右。这里所说的"准则"，不仅指会计准则，而且包括会计法律、国家统一的会计制度以及与会计工作相关的法律制度。核心就是会计法律。

2. 多项选择题

【例】某公司资金紧张，需向银行贷款 500 万元。公司经理要求会计人员李某对公司提供给银行的会计报表进行"技术处理"。李某很清楚公司目前的财务状况和偿债能力，做这样的技术处理是很危险的，但是在经理的反复开导下，李某编制了一份经过处理的"漂亮"的会计报表，公司获得了银行的贷款。下列对与李某行为认定的表述，不准确的是（　　　）。

A. 李某违反了爱岗敬业、客观公正的会计职业道德要求

B. 李某违反了参与管理、坚持准则的会计职业道德要求

C. 李某违反了客观公正、坚持准则的会计职业道德要求

D. 李某违反了强化服务、客观公正的会计职业道德要求

【答案】ABD

【解析】李某的行为违反了客观公正、坚持准则的会计职业道德要求。

3. 判断题

【例1】会计职业道德规范中"坚持准则"的"准则"指的是企业会计准则。 （　　　）

【答案】×

【解析】会计职业道德规范中"坚持准则"的"准则"，不仅指的是企业会计准则，而且也包括会计法律、法规。

【考点 10】提高技能

提高技能是指会计人员通过学习，培训和实践等途径，持续提高会计职业技能，以达到和维持足够的专业胜任能力的活动。作为一名会计工作者必须不断地提高其职业技能，这既是会计人员的义务，也是在职业活动中做到客观公正、坚持准则的基础，是参与管理的前提。

会计职业技能包括会计理论水平，会计实务操作能力，职业判断能力，自动更新知识能力，提供会计信息的能力，沟通交流能力以及职业经验等。

提高技能的基本要求有：

1. 具有不断提高会计专业技能的意识和愿望。

2. 具有勤学苦练的精神和科学的学习方法。

●题型分析

1. 单项选择题

【例】勤学苦练、不断进取是会计人员遵守（　　）职业道德的基本要求。

    A. 参与管理　　　　　　　B. 提高技能

    C. 廉洁自律　　　　　　　D. 强化服务

【答案】B

【解析】提高技能是指会计人员通过学习、培训和实践等途径，持续提高会计职业技能，以达到和维持足够的专业胜任能力的活动。

2. 多项选择题

【例】提高技能既是会计职业道德的基本要求，也是会计人员胜任本职工作的重要条件。下列各项中，属于会计技能的内容有（　　）。

    A. 自动更新知识能力　　　B. 会计实务能力

C. 职业判断能力　　　　D. 沟通交流能力

【答案】ABCD

【解析】本题考查会计技能的内容。会计职业技能包括会计理论水平，会计实务操作能力，职业判断能力，自动更新知识能力，提供会计信息的能力，沟通交流能力以及职业经验等。

3. 判断题

【例】一个会计人员无论怎样廉洁、不徇私情，但如果不能胜任本职工作，就无法履行作为一个专业人士的责任。　（　　）

【答案】√

【考点 11】参与管理

参与管理是指间接参加管理活动，为管理者当参谋，为管理活动服务。会计管理是企业管理的重要组成部分，在企业管理中具有十分重要的作用。

参与管理的基本要求有：

1. 努力钻研业务，熟悉财经法规和相关制度，提高业务技能，为参与管理打下坚实的基础。

娴熟的业务，精湛的技能，是会计人员参与管理的前提。

2. 熟悉服务对象的经营活动和业务流程，使管理活动更具针对性和有效性。

会计人员应当熟悉本单位的生产经营、业务流程和管理情况，掌握单位的生产经营能力、技术设备条件、产品市场及资源状况等情况，结合财会工作的综合信息优势，积极参与预测。根据预测情况，运用专门的财务会计方法，从生产、销售、成本、利润等方面有针对性地拟订可行性方案，参与优化决策。对计划、预算的执行，要充分利用会计工作的优势，积极协助，参与监控，为改善单位内部管理、提高经济效益服务。

●**题型分析**

1. 单项选择题

【例】会计人员在工作中应主动就单位经营管理中存在的问题提出合理化建议，协助领导决策，这是会计职业道德中（　　）所要求的。

  A. 提高技能   B. 参与管理

  C. 爱岗敬业   D. 坚持准则

【答案】B

2. 多项选择题

【例】下列对参与管理与强化服务的关系的表述，正确的有（　　）。

  A. 参与管理是强化服务的一种表现形式

  B. 强化服务有利于参与管理

  C. 不参与管理，也完全可以提高服务水平和质量

  D. 不强化服务，就难以保持参与管理的热情和动力

【答案】ABD

【解析】本题只有 C 选项的内容不正确，不参与管理，就难以提高服务水平和质量。

3. 判断题

【例】会计工作只是记记账、算算账，与单位经营决策关系不大，没有必要要求会计人员"参加管理"。   （　　）

【答案】×

【解析】会计管理是企业管理的重要组成部分，在企业管理中具有十分重要的作用。

【考点12】强化服务

强化服务就是要求会计人员具有文明的服务态度、强烈的服务意识和优良的服务质量。会计人员不仅要有热情、耐心、诚恳

的工作态度，待人平等礼貌，而且遇到问题要以商量的口吻，充分尊重服务对象和其他部门的意见。做到大事讲原则，小事讲风格，沟通讲策略，用语讲准确，建议看场合。

强化服务的基本要求有：

1. 强化服务意识

会计人员要树立强烈的服务意识，不论是为经济主体服务，还是为社会公众服务，都要摆正自己的工作位置。不要认为自己管钱管账，就高人一等；不要认为会计职业在社会上吃香，就不敬业、马马虎虎；不要认为自己在工作中可以参与管理决策，就自命不凡。要树立强烈的服务意识，管钱管账是自己的工作职责，参与管理是自己的义务，会计职业受社会尊重是因为会计职业在社会上的信誉高、服务质量好。会计人员要在内心树立服务意识，为管理者服务，为所有者服务，为社会公众服务，为人民服务。服务是自己的职责，是自己的义务。只有树立了强烈的服务意识，才能做好会计工作，履行会计职能，为单位和社会经济发展做出应有的贡献。

2. 提高服务质量

质量上乘，并非无原则地满足服务主体的需要，而是在坚持原则、坚持会计准则的基础上尽量满足用户或服务主体的需要。

● **题型分析**

1. 单项选择题

【例】要求会计人员树立服务意识，提高服务质量，努力维护和提升会计职业的良好社会形象，这是会计职业道德中（　）的具体体现。

    A. 爱岗敬业　　　　　　　B. 提高技能

    C. 客观公正　　　　　　　D. 强化服务

【答案】D

【解析】强化服务就是要求会计人员具有文明的服务态度、

强烈的服务意识和优良的服务质量。

2. 多项选择题

【例】"强化服务"的基本要求主要包括（   ）。

　　A. 提高服务质量　　　　B. 强化服务意识

　　C. 加强学习　　　　　　D. 诚实守信

【答案】AB

3. 判断题

【例】强化服务要求在会计工作中提供上乘的服务质量，满足服务主体的所有会计需要。　　　　　　　　　　　（   ）

【答案】×

【解析】强化服务的同时，会计人员也要坚持准则和职业道德，不能完全无原则地满足服务主体的不合理要求。

第三节　会计职业道德教育

会计职业道德教育是一种教育性道德影响活动，它通过一定的教育方式和方法，把会计职业道德观念灌输到会计人员的头脑中，逐渐培养其职业道德情感，体现出道德作用的他律性。

【考点 13】会计职业道德教育的含义

会计职业道德教育是指根据会计工作的特点，有目的有组织、有计划地对会计人员施加系统的会计职业道德影响，促使会计人员形成会计职业道德品质，履行会计职业道德义务的活动。

提高会计人员的道德素质，教育是基础。只有加强会计职业道德教育，才能使会计人员树立诚信观念，从心理上对会计职业道德规范有正确的认识；只有从总体上提高会计职业道德水平，会计信息才有可能真实可靠。通过会计职业道德教育，培养会计职业情感，树立会计职业道德信念，引导会计人员加强自我修养，将法制的外在约束和道德的内在约束相结合，共筑法律和道德的防线。

【考点 14】会计职业道德教育的形式

会计职业道德教育的主要形式包括接受教育和自我教育。

（一）接受教育

接受教育即外在教育，是指通过学校或培训单位对会计从业人员进行以职业责任、职业义务为核心内容的正面灌输，以规范其职业行为，维护国家和社会公众利益的教育。

（二）自我教育

自我教育是内在教育，是从业人员自我学习、自我改造、自身道德修养的行为活动。

●题型分析

1. 多项选择题

【例】会计职业道德教育的主要形式是（　　）。

　　A. 接受教育　　　　　　B. 自我教育

　　C. 继续教育　　　　　　D. 岗前教育

【答案】AB

2. 判断题

【例】会计职业道德教育的外在教育是从业人员的自我教育形式。　　　　　　　　　　　　　　　　　　（　　）

【答案】×

【考点 15】会计职业道德教育的内容

会计职业道德教育的内容包括以下几个方面：

1. 职业道德观念教育

职业道德观念教育就是在社会上广泛宣传会计职业道德基本

常识，使广大会计人员懂得什么是会计职业道德，了解会计职业道德对社会经济秩序、会计信息质量的影响，以及违反会计职业道德将受到的惩戒和处罚。

把会计职业道德教育同社会教育、学校教育、家庭教育结合起来，采取广播电视、报纸杂志等媒介普及会计职业道德知识，形成会计人员遵守职业道德光荣，不遵守职业道德可耻的社会氛围。

2. 职业道德规范教育

职业道德规范教育是指对会计人员开展以会计职业道德规范为内容的教育。会计职业道德规范的主要内容是爱岗敬业、诚实守信、廉洁自律、客观公正、坚持准则、提高技能、参与管理和强化服务等。这是会计职业道德教育的核心内容，涵盖的内容非常广泛，应贯穿于会计职业道德教育的始终。

3. 职业道德警示教育

职业道德警示教育是指通过开展对违法会计行为典型案例的讨论，给会计人员以启发和警示。根据不同的教育对象，选择一些违法会计行为的典型案例和违反会计职业道德的典型案例，开展广泛深入的讨论，从而提高会计人员的法律意识和会计职业道德观念，提高会计人员辨别是非的能力。

4. 其他教育

其他与会计职业道德相关的教育包括：形势教育、品德教育、法制教育等。

● **题型分析**

1. 单项选择题

【例】会计职业道德警示教育，有利于提高会计人员（　　）的能力。

　　A. 专业判断　　　　　　B. 辨别是非
　　C. 业务工作　　　　　　D. 团结协作

【答案】B

2. 多项选择题

【例】会计职业道德教育的内容有（　　）。

　　A. 会计职业道德观念教育

　　B. 会计职业道德警示教育

　　C. 会计职业道德行为教育

　　D. 会计职业道德规范教育

【答案】ABD

【解析】会计职业道德教育的内容中不包括行为教育，C 选项内容不对。

3. 判断题

【例】会计职业道德规范教育是指对会计人员开展以会计职业道德规范为主要内容的教育。　　　　　　　　　　（　　）

【答案】√

【考点 16】会计职业道德教育的途径

（一）接受教育的途径

会计职业道德教育应紧紧抓住影响会计职业道德观念培养、形成和发展的重要环节，坚持不懈地进行会计职业道德教育。

目前，我国会计职业道德教育途径主要包括两个方面：

1. 岗前职业道德教育

岗前职业道德教育是指对将要从事会计职业的人们进行的道德教育。包括会计专业学历教育及获取会计从业资格中的职业道德教育。教育的侧重点应放在职业观念、职业情感及职业规范等方面。

（1）会计学历教育中的职业道德教育，即对大、中专院校会计专业的在校学生进行会计职业道德教育。

（2）获取会计从业资格中的职业道德教育，即对从事会计职业的人员进入会计职业前进行的职业道德教育。

2. 岗位职业道德继续教育

岗位职业道德继续教育是对已进入会计职业的会计人员进行的继续教育。

《会计法》规定，"会计人员应当遵守职业道德，提高业务素质。对会计人员的教育和培训工作应当加强。" 2006 年财政部印发的《会计人员继续教育规定》，规定了有关会计人员继续教育的任务、内容、方式、时间、组织管理和实施要求等。中国注册会计师协会也印发了《中国注册会计师继续教育规定》，这些规定为会计人员继续教育创造了条件：根据培训对象的不同层次、不同学历的不同要求，在教学内容上，根据实际需要确定培训内容；在培训组织上，可采取培训班、研讨班、进修、自学等多渠道培训形式；在培训方法上，采用讲授、研讨、远程教学、参加考试等多种形式；在时间安排上，根据需要可长可短，可采取脱产、半脱产或业余函授等。这种灵活性不但提高了继续教育的针对性和适应性，同时也缓解了会计人员的工学矛盾，保证了继续教育的实效性。

会计职业道德教育贯穿于整个会计人员继续教育的始终。

就现阶段而言，具体包括以下内容：形势教育；品德教育；法制教育。

（二）自我修养的途径

自我修养的途径主要有：

1. 慎独慎欲

会计职业道德修养的最高境界在于做到"慎独"。

慎独就是在单独处事、无人监督的情况下，仍能坚持自觉地按照道德准则去办事，不做任何对国家、对社会、对他人不道德的事情。

慎独的前提是坚定的职业信念和职业良心，其基本特征是以高度自觉性为前提，通过自我约束、自我监督，可以更好地培养、锻炼坚强的职业道德信念和意志。

2. 慎省慎微

略。

3. 自警自励

略。

●**题型分析**

1. 单项选择题

【例】下列不属于会计职业道德教育的途径包括（　　）。

　A. 通过会计学历教育进行

　B. 通过会计继续教育进行

　C. 通过会计人员自我教育进行

　D. 通过获取会计从业资格进行

【答案】C

【解析】自我教育是会计职业道德教育的形式，而不是途径。

2. 多项选择题

【例】岗位职业道德继续教育包括（　　）。

　A. 形势教育　　　　　B. 品德教育

　C. 法制教育　　　　　D. 会计电算化

【答案】ABC

【解析】会计电算化教育不属于岗位职业道德继续教育范围。

3. 判断题

【例】会计职业道德修养的基本环节，具体包括道德认知、道德情感、道德信念、道德行为等方面的修养。　　　　（　　）

　【答案】√

第四节　会计职业道德建设组织与实施

会计职业道德的建设途径，应当实行自我修养与外部督促相结合，宣传教育与检查惩戒相结合，行业自律与舆论监督、政府监督相结合，以德规范会计职业与依法监管会计职业相结合。

会计职业道德建设是一项复杂的系统工程，要抓好会计职业道德建设，关键在于加强和改善会计职业道德建设的组织和领导，并得到切实贯彻和实施。

【考点 17】财政部门的组织推动

各级财政部门应当负起组织和推动本地区会计职业道德建设的责任，把会计职业道德建设与会计法制建设紧密结合起来。

《会计法》第七条规定：国务院财政部门主管全国的会计工作。县级以上地方各级人民政府财政部门管理本行政区域内的会计工作。会计职业道德建设是会计管理工作的重要组成部分，是实现《会计会》立法宗旨的德治建设，是当前会计管理工作的一项十分重要的内容，应当切实抓好。要做好会计职业道德建设，必须发挥财政部门的政府主导作用。

【考点 18】会计行业的自律

会计职业组织起着联系会员与政府的桥梁作用，因此应充分发挥中国会计学会、注册会计师协会等会计职业组织的作用，改革和完善会计职业组织自律机制，有效发挥自律机制在会计职业道德建设中的促进作用。

目前，我国通过会计行业组织强化自律管理和行业惩戒已取得了一定进展。中国会计学会制定了《中国会计学会个人会员分级管理办法（试行）》，加强对会员的服务和管理，包括对会员学术规范、职业操守的管理和培训，不断提升中国会计学会会员的职业道德水平。中国注册会计师协会作为注册会计师行业自律组织，为提高我国注册会计师职业道德水平做出了积极努力，先后发布了《中国注册会计师职业道德基本准则》《中国注册会计师职业道德规范指导意见》《注册会计师、注册资产评估师行业诚信建设实施纲要》等，并研究建立调查委员会、技术鉴定委员会、惩戒委员会等行业自律性决策组织。由于我国会计职业组织建立比较晚，自律性监管还比较薄弱，因此，应进一步加强会计行业组织对职业道德规范的实施与惩戒。

●**题型分析**

1. 多项选择题

【例】我国会计行业自律主要的组织有（ ）。

    A. 新闻媒体

    B. 财政部和县级以上各级财政部门

    C. 中国注册会计师协会

    D. 中国会计学会

【答案】CD

2. 判断题

【例】会计行业的自律机制和会计职业道德的惩戒制度是由会计职业组织建立的。 （ ）

【答案】√

【考点 19】企事业单位的内部监督

形成内部约束机制，防范舞弊和经营风险，支持并督促会计人员遵循会计职业道德，依法开展会计工作。

单位负责人要切实抓好会计职业道德建设。会计人员职业道德表现好与差，其所在单位是最直接的受益者或受害者。《会计法》规定，单位负责人对本单位的会计工作和会计资料的真实性、完整性负责。因此，单位负责人必须重视和加强本单位会计人员的职业道德建设，在任用会计人员时，应当审查其会计从业资格证书、职业记录和诚信档案，选择业务素质高、职业道德好、无不良记录的会计人员从事会计工作；在日常工作中，应注意开展对会计人员的道德和纪律教育，并加强检查，督促会计人员诚实守信，坚持原则；在制度建设上，要重视内部控制制度建设，完善内部约束机制，有效防范舞弊和经营风险，同时，单位负责人要做遵纪守法的表率，支持会计人员依法开展工作。

● 题型分析

1. 单项选择题

【例】会计人员职业道德表现的好坏，（　　）是最直接的受益者或受害者。

    A. 国家   B. 社会

    C. 所在单位   D. 上级单位

【答案】C

2. 判断题

【例】会计人员违背会计职业道德的，由所在单位进行处罚。

（　　）

【答案】√

【考点 20】社会各界的监督与配合

加强会计职业道德建设，既是提高广大会计人员素质的一项基础性工作，又是一项复杂的社会系统工程：不仅是某一个单位、某一个部门的任务，也是各地区、各部门、各单位的共同责任。

广泛开展会计职业道德的宣传教育，加强舆论监督，在全社会会计人员中倡导诚信为荣、失信为耻的职业道德意识，引导会计人员加强职业修养。

在依法治国与以德治国相结合的思想指导下，有政府部门的组织推动、会计职业组织的自律约束、社会各界的齐抓共管，会计职业道德建设一定会开创新的局面，会计职业一定会以崭新的姿态、高尚的精神风貌、优良的社会公信力，为全面建设小康社会，建设中国特色社会主义事业做出新的贡献。

●**题型分析**

多项选择题

【例】（　　）对会计职业道德建设的组织和实施必须健全制度和机制齐抓共管，保证会计职业道德建设的各项任务和要求落到实处。

　　A. 各级财政部门　　　　B. 会计职业团体

　　C. 社会舆论监督部门　　D. 企业事业单位

【答案】ABCD

【解析】本题考查会计职业道德建设的组织和推动，ABCD四个选项内容都符合。

第五节　会计职业道德的检查与奖惩

【考点21】会计职业道德检查与奖惩的意义

1. 会计职业道德的检查与奖惩，具有促使会计人员遵守职业道德规范的作用。

奖惩机制利用人类趋利避害的特点，以利益的给予或剥夺为砝码，对会计人员起着引导或威慑的作用，使会计行为主体不论出于什么样的动机，都必须遵循会计职业道德规范，否则就会遭受利益上的损失。奖惩机制把会计职业道德要求与个人利益结合起来，体现了义利统一的原则。

2. 会计职业道德的检查与奖惩，可以对各种会计行为进行裁决，对会计人员具有深刻的教育作用。

3. 会计职业道德的检查与奖惩，有利于形成抑恶扬善的社会环境。

就道德规范自身特点而言，它主要是依靠传统习俗、社会舆论和内心信念来维系的。这种非刚性的特征也就决定了它的落实、实施还必须同时借助政府部门的行政监管、职业团体自律性监管和企事业单位内部纪律等外在的硬性他律机制。只有这样才能有效地发挥道德规范潜在的裁判和激励效力。

●题型分析

多项选择题

【例】下列关于会计职业道德检查与奖惩意义的说法，正确的有（　　）。

    A. 有利于形成惩恶扬善的社会环境

    B. 有利于督促会计人员在行为上遵守职业道德规范

    C. 有利于会计人员形成良好的道德情感

    D. 有利于发展、培养一批会计领军人才

【答案】ABC

【考点22】 会计职业道德检查与奖惩机制

（一）财政部门对会计职业道德进行监督检查

我国《会计法》规定，国务院财政部门主管全国的会计工作，县级以上财政部门管理本行政区域内的会计工作。会计职业道德建设是会计管理工作的重要组成部分，因此，各级财政部门应负起组织和推动本地区会计职业道德建设的责任。

1. 执法检查与会计职业道德检查相结合。财政部门作为《会计法》的执法主体，一方面督促各单位严格执行会计法律法规；

另一方面也是对各单位会计人员执行会计职业道德情况的检查和检验。

2. 会计从业资格证书注册登记和年检与会计职业道德检查相结合。根据《会计从业资格管理办法》的规定，会计从业资格证书实行定期年检制度。年检时审查的内容其中包括持证人员遵守财经纪律、法规和会计职业纪律情况，依法履行会计职责情况。不符合有关规定的不予通过年检。

3. 会计专业技术资格考评、聘用与会计职业道德检查相结合。根据财政部、人事部联合印发的《会计专业技术资格考试暂行规定》及其实施办法规定，报考初级资格、中级资格的会计人员，应"坚持原则，具备良好的职业道德品质"等。会计专业技术资格考试管理机构在组织报名时，应对参加报名的会计人员职业道德情况进行检查。对有不遵循会计职业道德记录的，应取消其报名资格。

（二）会计行业组织对会计职业道德进行自律管理与约束

对会计职业道德情况的检查，除了依靠政府监管外，行业自律也是一种重要手段。会计行业自律是一个群体概念，是会计职业组织对整个会计职业的会计行为进行自我约束、自我控制的过程。

此外，依据会计法等法律法规，建立激励机制，对会计人员遵守职业道德情况进行考核和奖惩。

●题型分析

1. 单项选择题

【例】会计职业道德的检查可以通过（　　　）进行。

A. 政府监管和自我监督

B. 行业自律和上级单位监督

C. 政府监管和行业自律

D. 行业自律和自我监督

【答案】C

2. 多项选择题

【例】财政部门对会计职业道德的检查途径包括（　　）。

　　A. 将会计人员评优表彰与会计职业道德检查相结合

　　B. 将会计执法检查与会计职业道德检查相结合

　　C. 将会计从业资格证书注册登记管理与会计职业道德检查相结合

　　D. 将会计专业技术资格考评、聘用与会计职业道德检查相结合

【答案】ABCD

3. 判断题

【例】财政部门可以通过会计从业资格证书注册登记管理与会计职业道德检查相结合的途径来实现对会计职业道德的监督检查。（　　）

【答案】√

● 考点训练

一、单项选择题

1. 下列各项会计职业道德中，要求会计人员热爱会计工作，安心本职岗位，忠于职守，尽心尽力，尽职尽责的会计职业道德是（　　）。

　　A. 诚实守信　　　　　　B. 强化服务

　　C. 提高技能　　　　　　D. 爱岗敬业

2. 下列关于会计职业道德的表述中，正确的是（　　）。

　　A. 会计职业道德对会计人员具有很强的自律性

　　B. 相对于会计法律制度而言，会计职业道德是对会计从

业人员行为最低限度的要求

　　C. 会计职业道德具有强制性

　　D. 会计职业道德在时间上和空间上对会计人员的影响没有会计法律制度广泛持久

　　3. 下列属于对注册会计师职业道德的特别规定是（　　　）。

　　A. 客观公正　　　　　　　B. 独立性

　　C. 诚实守信　　　　　　　D. 爱岗敬业

　　4. 会计职业道德是指在会计职业活动中应当遵循的、体现（　　　）特征的和调整会计职业关系的职业行为标准和规范。

　　A. 会计工作　　　　　　　B. 会计活动

　　C. 会计职业　　　　　　　D. 会计人员

　　5. 下列各项中，不属于会计职业道德教育内容的是（　　　）。

　　A. 会计职业道德专项理论教育

　　B. 会计职业道德规范教育

　　C. 会计职业道德观念教育

　　D. 会计职业道德警示教育

　　6. 职业道德是同人们的（　　　）紧密联系的，具有自身职业特征的道德准则、职业行为和规范的综合。

　　A. 到的活动　　　　　　　B. 职业活动

　　C. 经济活动　　　　　　　D. 政治活动

　　7. 首次将会计人员应当遵守职业道德列入法律条款的是（　　　）。

　　A. 1989 年 10 月 31 日九届全国人大修订的《会计法》

　　B. 1985 年财政部颁布的《会计从业资格管理办法》

　　C. 1984 年国务院颁布的《会计人员职业试行条例》

　　D. 1984 年财政部颁布的《会计人员工作规则》

　　8. 会计人员实事求是地反映企业的经济业务是（　　　）道

德规范的基本要求。

    A. 文明服务   B. 廉洁自律

    C. 坚持准则   D. 诚实守信

  9. (   ) 是会计职业道德的前提，这既是会计职业道德中诚实守信的基本要求，也是会计职业良好声誉的外在表现。

    A. 敬业爱岗   B. 诚实守信

    C. 廉洁自律   D. 客观公正

  10. 会计职业道德除具有职业道德的一般特征外，还具有一定的强制性和（   ）的特征。

    A. 独立性   B. 复杂性

    C. 教育性   D. 较多关注公众利益

二、多项选择题

1. 下列行为中，违反注册会计师职业道德基本标准的有（   ）。

    A. 甲会计师事务所注册会计师丁某同时在乙会计师事务所执业

    B. 某会计师事务所以给 A 公司财务主管李某审计收费 5% 的回扣为条件，取得为 A 公司进行年度财务会计报告审计的业务

    C. 甲会计师事务所与乙会计师事务所签订合作协议，授权乙以甲的名义承办业务

    D. 注册会计师王某在对 B 公司业务进行审计时，收受了 B 公司赠送的内部职工股 1 000 股

2. 朱镕基同志在 2001 年视察北京国家会计学院时，为北京国家会计学院题词的内容包括（   ）。

    A. 诚信为本   B. 操守为重

    C. 坚持准则   D. 不做假账

3. 某公交公司因经营管理不善而长年亏损，新上任的财务部经理张某抓住公司经营管理中的薄弱环节，以强化成本核算和管理为突破口，分层分解至每一辆及其司乘人员，并创建了成本监控中心，不仅使每日、每车的运营收支情况一目了然，而且对异常成本变动能立即采取措施。有效的成本管理为公司领导做出扩大购车规模、增加营运能力的决策提供了科学依据，经过努力，公司营业收入在 3 年内翻了两番，彻底扭转亏损局面。从会计职业道德角度分析，下列表述中，正确的有（   ）。

A. 张某的行为体现了参与管理的会计职业道德的要求

B. 张某的行为体现了客观公正会计职业道德的要求

C. 张某的行为体现了强化服务会计职业道德的要求

D. 张某的行为体现了诚实守信会计职业道德的要求

4. 财政部门在开展下列工作时，可以将会计人员遵守职业道德情况纳入考核内容的有（   ）。

A. 会计人员评优表彰

B. 会计从业资格证书年检

C. 高级会计师资格考评

D. 会计法执法检查

5. 我国会计职业道德规范的主要内容包括（   ）。

A. 坚持准则、提高技能　　B. 廉洁自律、客观公正

C. 爱岗敬业、诚实守信　　D. 参与管理、强化服务

6. 会计职业道德与会计法律制度的区别主要表现在（   ）。

A. 作用范围不同　　　　　B. 性质不同

C. 表现形式不同　　　　　D. 实施保障机制不同

7. 会计人员继续教育的特点包括（   ）。

A. 针对性　　　　　　　　B. 适应性

C. 固定性　　　　　　　　D. 灵活性

8. 会计职业道德准则所指的专业技术能力一般应包括（　　）。

    A. 搞好服务　　　　　　　B. 熟悉法规

    C. 客观公正　　　　　　　D. 职业判断能力

9. 会计职业道德自我修养的含义包括（　　）。

    A. 自我完善　　　　　　　B. 自我改造

    C. 自我教育　　　　　　　D. 自我提高

10. 会计法律制度与会计职业道德的相互作用表现在（　　）。

    A. 道德是法律的坚实基础

    B. 法律是道德的有力保证

    C. 道德是法律的前提条件

    D. 法律是道德的行为规范

三、判断题

1. 一定的职业道德规范只适用一定的职业活动领域。

（　　）

2. 会计职业道德具有广泛的社会性。　　　　　（　　）

3. 会计职业道德是会计法律制度的重要补充。　（　　）

4. 会计人员违反了会计法律，就一定违背了会计职业道德。

（　　）

5. 会计职业道德的实现形式是具体的、明确的、正式形成文字的成文规定。　　　　　　　　　　　　　（　　）

6. 爱岗敬业是会计职业道德的基础。　　　　　（　　）

7. 诚实守信是做人的基本准则，也是职业道德的精髓。

（　　）

8. 树立正确的人生观和价值观，加强自身的道德修养是奠定廉洁自律的基础。　　　　　　　　　　　　　（　　）

9. 注册会计师在进行审计鉴证时应以超然独立的姿态，出具客观、适当的审计意见，这是强化服务的要求。　　（　　）

10. 注册会计师提供审计服务要向客户收费，因此注册会计师的责任是维护客户利益。　　（　　）

● 参考答案

一、单项选择题

1	2	3	4	5	6	7	8	9	10
D	A	B	C	A	B	A	D	C	D

二、多项选择题

1	2	3	4	5	6	7	8	9	10
ABCD	ABCD	ABC	ABCD	ABCD	ABCD	ABD	ABD	BCD	AB

三、判断题

1	2	3	4	5	6	7	8	9	10
√	√	√	√	×	√	√	√	×	×